合肥师范学院学术著作出版基金资助项目

决策者感知任务特征与策略匹配对决策质量的影响

陈晓惠 著

中国科学技术大学出版社

内 容 简 介

本书在创造性地提出决策者感知任务特征概念的基础上,运用问卷调查获取决策者感知任务特征的维度,通过现场实验及实验室实验由浅入深地逐步探查决策者感知任务特征与决策策略的匹配效应,并进一步揭示出策者感知任务特征与决策策略匹配效应的形成原因、机制及其适用范围。不仅有助于进一步丰富和发展行为决策的相关理论,同时也为个体决策质量的提升提供一个新思路。

本书适用于心理学、管理学、社会学等相关专业硕士生、博士生及科研工作者阅读。

图书在版编目(CIP)数据

决策者感知任务特征与策略匹配对决策质量的影响 / 陈晓惠著. -- 合肥:中国科学技术大学出版社,2024.12

ISBN 978-7-312-05898-1

Ⅰ. 决… Ⅱ. 陈… Ⅲ. 决策学 Ⅳ. C934

中国国家版本馆 CIP 数据核字(2024)第 053988 号

决策者感知任务特征与策略匹配对决策质量的影响
JUECEZHE GANZHI RENWU TEZHENG YÜ CELUE PIPEI DUI JUECE ZHILIANG DE YINGXIANG

出版	中国科学技术大学出版社
	安徽省合肥市金寨路96号,230026
	http://press.ustc.edu.cn
	https://zgkxjsdxcbs.tmall.com
印刷	江苏凤凰数码印务有限公司
发行	中国科学技术大学出版社
开本	710 mm×1000 mm 1/16
印张	6.25
字数	131千
版次	2024年12月第1版
印次	2024年12月第1次印刷
定价	49.00元

前　言

决策质量问题是决策科学的核心问题,也被研究者们认为是一个尚未解决并需要关注的问题。一些匹配效应的发现提示了从匹配的视角探讨决策质量的优化存在着可能。然而,已发现的匹配效应多关注决策者个人稳定性特质或状态性情绪与决策策略之间的关系,对决策任务与决策策略之间的关系有所忽视。由于不同决策策略存在适用性,决策任务特征会影响策略的使用效果,因此,决策任务特征与决策策略之间也可能存在匹配关系进而影响决策质量。纵观决策任务与策略关系已有的研究,对决策任务特征的主观性和概括性尚且重视不足,从而导致已有结论对提升个体决策质量的指导意义较为缺乏。鉴于此,本书在创造性提出决策者感知任务特征概念的基础上,抽取其特征维度,由浅入深逐步探查决策者感知任务特征与决策策略的匹配效应,并进一步揭示出匹配效应的形成原因、机制及适用范围。本书主要分以下四个部分开展具体的实证研究:

第一部分着重探究决策者感知任务特征的维度,即利用开放式问卷收集决策者日常决策中感知到的与决策任务有关的具体特征,对这些具体特征进行归纳提炼,形成若干条目,通过项目分析、探索性因素分析和验证性因素分析,确定决策者感知任务的特征维度。

第二部分围绕决策者感知任务特征的两个维度,首先通过现场实验考察任务特征与决策策略之间的关系对决策质量的影响,初步检验匹配效应是否存在,再通过实验室实验逐一考察每个特征维度与策略之间的关系对决策质量的影响,进一步验证匹配效应。

第三部分重点探查决策者感知任务特征的每个维度与策略匹配效应的形成原因及其机制,通过考察决策者感知任务特征能否启动决策者的情境性调节定向进而推导出匹配效应的成因,在此基础上,分别检验正确感、投入强度和加工流畅性变量在匹配效应中所起的中介作用。

第四部分旨在探索决策者感知任务特征与策略匹配效应是否具有普遍性,着力考察该匹配效应是否会受到决策者个体特质性调节定向的调节。

围绕上述四部分研究,采用的具体研究方法包括访谈法、问卷法、现场实验和实验室实验法。通过四个部分的实证研究,本书获得的主要结论如下:

结论一:编制的《感知任务特征量表》具有良好的信度与效度,符合心理测量学要求,可以作为测量决策任务特征主观感知的有效工具。

结论二:决策者感知任务特征具有两个维度,分别是难易度和重要性维度。

结论三:决策者感知任务特征与决策策略之间存在匹配效应,感知任务困难和感知任务不重要与启发式策略、感知任务容易和感知任务重要与分析式策略分别构成匹配;与不匹配相比,匹配后的决策满意度更高。

结论四:感知任务特征与策略匹配效应是由于感知任务特征启动了个体的情境性调节定向,其中感知任务困难和不重要诱发了个体的情境性促进定向,感知任务容易和重要诱发了个体的情境性预防定向。加工流畅性在匹配(感知任务难易度与策略)与决策后满意度之间起部分中介作用,投入强度在匹配(感知任务重要性与策略)与决策后满意度之间起部分中介作用。

结论五:感知任务的两个维度与策略之间的匹配效应受个体特质调节定向的调节。当个体特质调节定向为促进定向时,特质定向与情境定向的一致性能够强化匹配效应,不一致会弱化匹配效应;当个体特质调节定向为预防定向时,特质定向与情境定向的一致与否对匹配效应并没有影响。

本书从决策者感知任务特征与策略匹配的视角考察决策质量的影响因素,对丰富和发展行为决策的相关理论及深入了解个体决策后评价的心理机制具有重要价值。同时,本书着眼于决策者的主观感知考察决策质量的提升,使决策质量的提升更具操作性,对个体决策行为的优化也具有重要的实践意义。本书适合对心理学、管理学、社会学等相关研究领域感兴趣的广大读者阅读,也为普通个体在实际生活中做出高质量决策、提升决策后满意度提供了可行的方案和参考。

目　　录

前言 ·· （ⅰ）

第一章　绪论 ··· （1）
第一节　直觉性和分析性决策策略 ······································ （1）
第二节　决策质量 ·· （8）

第二章　问题提出与研究构想 ··· （16）
第一节　问题提出 ·· （16）
第二节　研究构想 ·· （17）
第三节　研究意义 ·· （19）

第三章　决策者感知任务特征及其与决策策略的匹配效应 ······ （21）
第一节　决策者感知任务特征维度的确定 ··························· （21）
第二节　现场实验初步检验匹配效应 ································· （26）
第三节　感知任务难易度与策略匹配对决策后评价的影响 ······ （31）
第四节　感知任务重要性与策略匹配对决策后评价的影响 ······ （37）

第四章　感知任务特征与策略匹配效应的成因及机制 ············ （44）
第一节　感知任务难易度与策略匹配效应的成因及机制 ········· （46）
第二节　感知任务重要性与策略匹配效应的成因及机制 ········· （53）

第五章　感知任务特征与策略匹配效应的调节因素 ··············· （61）
第一节　感知任务难易度与策略匹配效应的调节因素 ············ （62）
第二节　感知任务重要性与策略匹配效应的调节因素 ············ （66）

第六章　总结与展望 ··· （71）

附录 ·· (76)

    附录一　决策者感知任务特征问卷 ·· (76)

    附录二　决策者感知任务特征量表(初测版) ······································ (77)

    附录三　决策者感知任务特征量表(正式版) ······································ (78)

    附录四　消费决策问卷 ··· (79)

    附录五　积极和消极情绪量表 ·· (80)

    附录六　调节定向问卷 ··· (81)

参考文献 ·· (82)

第一章 绪 论

好的策略能够促使好的决策产生(Keren et al.,2003),因此,文献综述部分主要围绕决策策略和决策质量这两个方面展开。

第一节 直觉性和分析性决策策略

一、直觉性和分析性决策策略的来源

(一)双加工理论

从信息加工心理学的视角考察人类信息加工过程,可以发现信息加工存在两种方式,一种是表现为无意识、自动化和大容量的快速加工,而另一种加工方式则与之相反,表现为有意识、非自动化和小容量的慢速加工。不同研究者对这两种不同信息加工方式赋予了不同的名称,Schneider 和 Schiffrin(1977)将这两种信息加工方式命名为自动化加工和控制加工,Evans(2006)则将之命名为启发式加工和分析式加工,Kahneman 和 Frederick(2002)以及 Evans(2008)则使用了较为中立的表述,直接称其为系统 1 加工和系统 2 加工。

由此,双系统(dual-system)或双加工(dual-process)理论应运而生,并逐步形成了研究热潮(Arkes,2016;Chaiken,1980;Epstein,1994;Evans,2003;Evans et al.,2013;Kahneman,2011;Kahneman et al.,2002;Lieberman et al.,2002;Sloman,1996;Slovic et al.,2004;Smith et al.,2000;Stanovich et al.,2000;Strack et al.,2004)。

双加工理论得到了三个方面的支持性证据,第一方面的证据体现在实验操纵上。三段论推理研究可以作为重要的支撑性实验证据,证明双加工范式的存在。在三段论推理研究中,被试通常会首先阅读类似这样的实验材料:

能使人上瘾的东西没有便宜的,

一些香烟是便宜的,

因此,一些能够让人上瘾的东西不是香烟。

最终结论在逻辑上当然是无效的,但由于这一结论符合人们的已有经验,在有时间压力或同步记忆负荷的情况下,大多数被试都认为这个结论是正确的,这就是所谓的信念偏差效应。信念偏差效应的出现是因为有时间压力或同步记忆负荷的被试只能屈服于快速和直觉的启发式加工,已有经验干扰了逻辑推理。而没有时间压力和同步记忆负荷的被试则不会受已有经验的干扰,依据逻辑规则判定结论错误。

双加工理论存在的第二方面的证据来自于神经科学。Goel 与 Dolan(2003)通过功能磁共振成像发现,在三段论推理研究范式中,信念知识(启发式系统)与逻辑规则(分析系统)相对立,当做出逻辑正确的回答时(分析系统占优),右下前额皮层被激活,当做出错误回答,信念偏差效应出现时(启发式系统占优),大脑腹内侧前额皮层被激活。Evans 和 Stanovich(2013)也指出,个体进行信念偏差推理(启发式系统占优)与命题推理(分析系统占优)时相比,大脑的不同区域更为活跃,证实不同方式的加工对应于不同的脑区。

第三方面的证据来自于对个体差异的研究。Evans 和 Stanovich(2013)注意到,对于抽象推理任务(需要较多认知资源)而言,高认知能力个体比较低认知能力个体完成效果更好,而对于简单任务,个体认知能力对完成效果的影响不显著。个体差异体现在有认知能力压力的任务中,从而可以推测这类任务的完成需要系统2加工,而无需较多认知资源的简单任务完成则依赖系统1加工。

从双加工理论提出至今的几十年时间里,在对双加工的特点和加工机制的认识和理解上,不同研究者之间始终存在着分歧和争议。Evans 和 Stanovich(2013)对这些争议进行了总结,将其概括为五个方面。第一方面的争议是双加工理论中两种加工的命名过多且不够清晰,导致不同研究者在研究中只能根据自身需要和倾向自行选择不同的表述。第二方面的争议是关于两种加工的特点,研究者对于两种加工的特征集无法达成共识,甚至连每一种加工的定义性特征或是相关特征都无法明确。第三方面的争议聚焦于两种加工的关系,究竟是遵循传统的二分法,把两种加工作为两种类型来看待,还是仅仅把其作为两种不同的加工方式?如果是后者的话,两种加工就处于一个统一体的两端,而两端之间是两种加工共同表征的连续体。显然,不同的认识会直接导致对双加工加工方式的不同理解,两种加工是同时、独立、平行作用,还是相互竞争着控制行为?最后两个方面的争议涉及对加工理论存在与否的质疑,其中一部分质疑是针对双加工理论三个方面的支持性证据,认为这些证据模棱两可不可信,另外一部分质疑之声认为单一加工也可以说明双加工的研究结果,双加工理论的存在并不是必需的。

近期,Arkes(2016)将涉及双加工理论的诸多争论与20世纪60至70年代记忆研究领域内多存储理论和加工水平理论之间的争论进行了类比,并采用加工水平理论原理对已有双加工理论相关研究结果予以解释,试图厘清之前关于双加工理论的混乱描述,同时也为消除双加工理论有关加工特征的诸多争议提供了一个新的思路。

综上所述,尽管关于双加工理论还存在诸多争议,两种加工之间的关系仍待进一步探究,但即便将其作为两种加工方式来看待,两者之间的差异还是显而易见的。至少,双加工理论的支持者都承认两种加工方式之间的一些基本区别,具体包括:启发式加工是快速、自动化的信息加工,更多依赖于直觉,不占用或较少占用心理资源,个体通常只能意识到加工结果而意识不到加工过程,此种加工容易受背景相似性和刻板印象的影响;而分析式加工则速度慢,需要基于逻辑、概率理论等规则进行,同时占用较多的心理资源,加工过程和结果都能被意识到,不容易受相似性和刻板印象的干扰(Evans,2008;Evans et al.,2013;Kahneman et al.,2002;孙彦 等,2007)。

(二) 双加工理论与决策

双加工理论的提出为解释决策研究领域发现的诸多非理性偏差提供了一个统一的视角。双加工理论认为,启发式加工与分析加工式同时对决策过程起作用,当两者作用方向一致时,决策结果既合乎理性又遵从直觉,当两者作用方向不一致时,两种加工则会产生竞争,优势加工可以控制决策结果。在两者的竞争中,往往启发式加工会获胜,而这正是很多非理性偏差的根源。比如决策研究中 Tversky 和 Kahneman 曾于1983年提出过经典的琳达问题:

琳达今年31岁,单身,外向,非常聪明。她所学专业为哲学。在学生时代,她非常关注歧视与社会公正问题,也曾参加过反核的示威游行。

然后提供给被试两种关于琳达女士可能的职业——银行职员/银行职员且是一位女权主义者。

被试在阅读关于琳达的描述之后,大部分都认为"琳达是一个银行职员且是一位女权主义者"的可能性高于"琳达是一个银行职员"的可能性,表现出合取谬误(conjunction fallacy)。从双加工理论的视角可以很好解释这一谬误,因为根据描述,被试对琳达很容易形成刻板印象,启发式加工导致前一个命题与该刻板印象更为一致,而分析式加工则基于联合规则做出判定。由于启发式系统在竞争中更有优势,从而出现了非理性偏差。

早期决策研究领域的双加工理论重点关注决策中非理性偏差的成因,这自然引发了对个体决策活动中两种加工孰优孰劣的探讨。决策作为一种认知活动,传统观点认为其理应属于理性思维的标准范例,因此,决策过程中人们应该仔细地分析每个选项的优劣,认真评估其成本及收益,经过缜密的思考进而选择出效用最大化的选项。既然启发式加工过程具有快速性和不占用认知资源的特点,分析式加工过程注重对逻辑规则的遵循,那么针对个体的决策活动来说,分析式加工过程就会更具有优势。Kahneman(2003)就把决策偏差归因于启发式加工的缺陷,认为正是因为人们在决策时默认采用的是启发式加工,才会在决策过程中出现诸如参照效应、损失厌恶等大量的决策偏差。这一观点引起了不少学者的关注并得到较多实验证据的支持。比如诸多研究结果都表明,分析式信息加工风格的个体更能抵御各种决策偏差的影响(Ayal et al.,2012;Banks et al.,2007;Stanovich et al.,2008)。当决策者在实验中被要求"像个科学家一样思考"时,框架效应会随之减弱(Thomas et al.,2011)。而分析能力下降的老年人与他们的年轻同事相比,在决策过程中更易受到比率偏差的影响(Mikels et al.,2013)。与倾向于分析式加工的决策者相比,采用启发式加工的决策者更容易出现比率偏差、赌徒谬误等决策偏差;而无论决策者本身的思维风格倾向于分析式还是启发式,在实验操纵诱发下分析式思维的增加都会导致决策偏差的降低(Ayal et al.,2015)。

尽管人们普遍认同启发式加工是决策偏差根源的观点,但也有研究结论与此相反。Ayal、Hochman 和 Zakay(2011)的研究发现启发式加工与反转偏差(即当具有相同规则的两个选择任务在不同情境中产生相反行为结果的偏差)呈现负相关。Igou 和 Bless(2007)的研究结果也与传统观点不符,他们发现当分析式加工的动机增强时,框架效应反而会加剧。Stanovich 和 West(2008)也没有发现框架效应会受到分析式加工的影响。Ayal 和 Hochman(2009)以及 Dijksterhuis 和 Nordgren(2006)的研究表明,在某些特殊条件下,分析式信息加工甚至会促使决策偏差的出现。

除了决策过程中的非理性偏差之外,两种特征鲜明的加工方式对决策结果的影响也引发了研究者们的激烈争论。根据两种加工方式的特点以及对人们决策活动传统的理解,分析式加工的效果很自然地被认为优于启发式加工的效果。Kahneman(2011)在他的《思考,快与慢》一书中重点阐述了两种加工方式对决策的影响,认为基于规则的分析式加工与更优的决策紧密相连。基于规则的分析式思考能够提高决策计算的准确性和一致性(McMackin et al.,2000;Beilock et al.,2007;Rusou et al.,2013)。运用问卷测量法的调查结果表明,分析式信息加工方式与决策质量高度正相关(Bavolar et al.,2015;Bruine et al.,2012),能够导致更高的选择后满意度(Crossley et al.,2004)。并且,这一结果在实验室中也得到了证实(Queen et al.,2010)。

与此相反,也有大量的研究结果支持启发式决策效果更好的观点。早在1955年,第一位强调决策中意识加工容量有限的学者西蒙就曾提醒"不能完全排除无意识决策优于意识决策的可能"(Simon,1955)。早期研究已发现,在选择过程中仔细思考理由会降低选择后满意度(Levine et al.,1996;Wilson et al.,1991;Wilson et al.,1993),而采用启发式加工却能提高选择后满意度(Dijksterhuis et al.,2006)。以非主观评价作为决策效果指标的研究也得出相同的结论,启发式加工能够促成更为准确和一致性的决策(Acker,2008;Glockner et al.,2008;Glockner et al.,2011;Usher et al.,2011),即使是仅仅依靠直觉也可以产生客观上更为优越的决策(Dijkstra et al.,2012;Dijkstra et al.,2012;Halberstadt et al.,2008)。启发式加工的优势,同样还体现在生态效度较高的决策任务中,Algona等人(2014)要求被试观看模拟银行抢劫的视频,一部分被试需要同时完成分心任务,而另一部分被试则需要口头描述抢劫犯的特征,与前者相比,后者显然更有机会采用分析式加工对罪犯特征进行仔细思考,然而在随后的指认环节中,仔细思考组的完成效果却比分心组差。

综上所述,双加工理论为决策中启发式信息加工和分析式信息加工的对比研究提供了明确的概念界定和研究框架。在个体决策过程中,启发式信息加工和分析式信息加工以策略的方式发挥作用,表现为直觉性决策策略和分析性决策策略(Mikels et al.,2011;Vries et al.,2008)。所谓直觉性决策策略是指无意识的、笼统联结的和情绪化的决策策略;而分析性决策策略则指有意识的、逻辑推导的和理性的决策策略(Epstein,2010;Glöckner et al.,2010;Morris et al.,2009)。因此,上述有关启发式加工与分析式加工优劣的争论也可看作对直觉性决策策略和分析性决策策略优劣的探讨。

之所以会出现上述相互对立的结论,究其原因,可能是这些研究把两种决策策略从决策情境中分离出来,仅孤立地探讨和比较每种策略的效果,却忽视了决策情境特别是决策任务特征与策略之间的适用性,以及这种适用性对决策效果的影响。

二、直觉性决策策略-分析性决策策略存在适用性

随着研究的深入,早期关于直觉性决策策略和分析性决策策略孰优孰劣的争论已经逐步减少,研究者们开始关注直觉性决策策略和分析性决策策略的适用条件和有效性问题。

(一)决策策略的适用条件

Acker(2008)在谈及两种策略有效性的争议时指出,不同实验中被试(文化、所使用语言)的差异可能是导致矛盾结果的原因之一。在这个研究中,Acker甚至根据相同实验材料和操作却产生不同结果的两个研究中被试性别比的差异,推测被试的性别可能也是影响两种策略有效性的潜在因素。以决策后主观评价作为因变量的研究发现,针对促进定向个体,启发式策略的效果优于分析式策略,针对预防定向个体两种策略效果则相反,个体的调节定向影响决策策略的适用性(Cesario et al.,2004;Otto et al.,2010;Wang et al.,2016);启发式策略适用于整体性信息加工风格的个体,分析式策略适用于局部信息加工风格的个体(Dijkstra et al.,2012);根据个体不同的倾向性偏好,两种决策策略亦会产生不同的效果(Avnet et al.,2006)。Halberstadt和Catty(2008)发现,当个体之前接触过决策任务,决策者对任务感知为熟悉的情况下,决策过程中应用启发式思维的效果要优于分析式思维。与此同时,决策者的情绪也会影响两种策略的有效性,当决策者的情绪被高

度唤起时,直觉决策的效果更优(Sayegh et al.,2004)。在愉快情绪状态下,采用启发式策略的被试决策后满意度高于采用分析式策略的被试;在悲伤情绪状态下,分析式决策结果的主观评价则更高(De Vries et al.,2008)。

在考察决策策略适用性的过程中,研究者们不仅注意到决策者的个体差异及情绪状态等主观因素对决策策略的有效性会产生影响,同时也注意到决策情境中的一些客观因素也会影响到决策策略的有效性。其中,关于决策任务特征的影响引起了研究者们的重视。最早发现任务特征重要性的研究认为,决策任务会处在启发式到分析式的一个连续体上的某处(Hammond et al.,1987),且之后的研究发现,当决策任务特征为启发式时,运用启发式策略效果更好,而任务特征为分析式时,分析式决策效果更优(McMackin et al.,2000)。研究者分别从决策任务的结构、内容及呈现方式等方面对启发式策略和分析式策略有效性的争论进行了解释。

Sloman(2002)将两种思维模式比拟成两个不同领域内的专家,认为其中一个也许可以模拟另一个执行的算法,但即便付诸努力也很低效,甚至完全不可靠。Hayashi(2001)直接探讨了直觉的适用条件,认为分析式策略针对定义明确的决策任务会更加有效,在定义不明确的决策任务中就没有启发式策略的优势明显。Dane 和 Pratt(2007)在分析了已有关于启发式策略的争论后认为,启发式策略作用于高度结构化的数学和概率决策任务时往往导致偏差结果,而在涉及战略、投资以及人力资源管理等领域的决策任务中,启发式策略却会显现出优势,因为这些决策任务结构化程度较低。在某些决策任务中,研究者们通常会采用具有明确规范标准的指标(如以贝叶斯定律为基础的基准比率)来作为决策质量的指标,这些决策任务基于规则,对分析式加工的决策者来说更有优势。因此,决策质量的提高取决于决策者决策过程中的思维方式与决策任务特征的相容度(Ayal et al.,2015)。

除决策任务的结构之外,决策任务的内容也会影响两种策略的使用效果。研究者们注意到,启发式策略的优势体现在道德决策(Haidt,2001)以及审美评价等任务中(Wilson et al.,1991),例如在约会对象选择或是艺术品选择等情感决策任务中,仔细思考反而会导致人们做出未来会后悔的决策(Wilson et al.,1993;Wilson et al.,1993)。启发式决策的优势还体现在紧急决策任务中(Sayegh et al.,2004),而在具有明确客观标准的决策任务中,分析式策略则更有效(McMackin et al.,2000),那些对执行功能需求较高的实验任务显然不利于启发式策略的发挥(Acker,2008)。由于实验室中被试完成的决策任务缺乏生态效度,与真实生活中的决策相差甚远,才导致启发式策略效果优于分析式策略(Lassiter et al.,2009;Shanks,2006)。

除此之外,决策任务呈现方式也会作用于决策策略的效果。Kardes(2006)认为,当决策者能够获得及时和频繁的高质量决策反馈时,启发式策略的效果更好。Payne 和 Iannuzzi(2012)在综述了大量文献后提出,直觉加工的快速性和无需努力的特点以及分析加工的慢速性和需要努力的特点决定了它们各自的适用条件及有效性。当决策任务呈现时间有限时,直觉策略明显更有效,而当决策任务没有时间限制时,分析策略或许更适合。鉴于实验室中常采用决策任务伴随分心任务的方式来操纵策略使用,研究发现,分心任务完成之后进行决策的被试会表现出启发式策略的优势,而对于分心任务还在呈现过程中完成决策的被试来说,启发式策略的优势并不明显(Strick et al.,2010)。另一采用此范式的研究也发现,当选项呈现会引发被试形成整体印象(整体加工)而不是比较选项的每一个属性值(部分加工)时,由分心任务导致的启发式加工才更为有效(Lerouge,2009)。运动决策领域的一项研究也表明,相较呈现时间较长(1秒/个),只有当决策任务呈现时间较短(0.4秒/个)的情况下,启发式策略的效果才明显(苗秀影 等,2017)。

由上可见,启发式策略和分析式策略存在适用条件,决策任务的特征会影响两种决策策略的效果。其中,决策任务复杂性的影响更令人关注。

(二)任务复杂性对决策策略有效性的影响

关于决策任务复杂和简单与否对两种决策策略有效性的影响从一开始就出现了两种完全不同的声音。

比较有代表性的是 Dijksterhuis 和 Nordgren(2006)提出的无意识思维理论(unconscious thought theory,简称 UTT),该理论认为:意识思维以规则作为基础,加工速度较慢且容量小,无意识思维容量大且加工速度快。两种决策的效果与决策任务的复杂程度有关。针对简单决策任务,能容纳所要处理的信息且对这些信息进行精确分析的意识思维(分析性加工)的决策效果较好;针对复杂决策任务,加工速度较快且不受加工容量限制的无意识思维(直觉性加工)的效果会更好。他们在实验中设计了一个每个选项具有多属性的复杂决策任务(购买汽车),结果发现,当需要立即做出选择或认知资源受限时,被试做出的选择均优于无认知资源限制、思考一段时间后做出的选择,而且选择后满意度也更高。但若是简单商品(购买牙膏),情况则正好相反。在另外一些复杂任务(诸如根据许多复杂信息来选择一所公寓租住)中,无意识思维也导致了更优的决策结果(Dijksterhaus,2004)。不但实验室的结果如此,即便是真实的购买行为也出现与 UTT 观点相一致的结果,购买简单商品(厨具配件),经过思考后的决策后满意度更高;对于复杂商品(复杂家具),经过思考后的决策后满意度反而更低(Dijksterhuis et al.,2006)。

诸多研究结果验证了这一理论,研究者采用 Dijksterhuis 等人研究中相同的决策任务和实验操纵,验证了复杂任务中直觉决策的优势,这种优势不仅在决策质量的客观指标上得以体现,也体现在决策质量的主观指标上(Bos et al.,2008; Mikels et al.,2011)。Dane 和 Pratt(2007)发现,当任务较为复杂或者任务较难时,直觉性策略更有优势。在紧急应激条件下(逃生任务),尽管只是在想象的逃生情境中,直觉决策的效果在复杂任务中的表现也更有优势(李虹 等,2013)。在提高复杂决策任务生态效度的同时,即使运用不同方法(分心任务、时间压力等)诱发出的启发式策略的效果也优于分析式策略(Usher et al.,2011)。针对有研究者对验证 UTT 的实验中决策任务人为性及缺乏生态效度的质疑,Shanks(2006)用两个现场实验进一步证实,对于真实情境中的复杂决策任务,启发式策略的优势也很明显。

然而,认知和社会心理学领域的一些发现却引发了学者们对 UTT 的质疑(Gonzalez-Vallejo et al.,2008)。另外一些研究者(Acker,2008;Calvillo et al.,2009;Rey et al.,2009;Thorsteinson et al.,2009)采用与 Dijksterhuis(2004)和 Dijksterhuis 等人(2006)相类似的方法,却没有发现相同的结果。Queen 和 Hess(2010)也在实验室中发现,只有当决策任务简单时,无意识加工的优势才能得以体现,而加工复杂的信息决策时,积极深入的思考会更有益。Over(2004)认为,复杂、重大的决策应该依赖理性的分析系统而不是启发式系统。在任务复杂和难度较大的情况下,分析性策略效果更好(Calvillo et al.,2009;Hess et al.,2012)。Acker(2008)对采用与 Dijksterhuis 等人相同方法考察启发式策略有效性的研究进行了元分析,涉及 17 个实验及 888 名被试,结果显示,截至目前要得出启发式策略有助于解决复杂决策任务的结论还是证据不足。但需要注意的是,研究者并未将决策后满意度作为因变量的研究纳入到元分析中。

综上所述,即便是决策任务复杂性这一个特征对两种策略效果的影响就出现了诸多相互矛盾的结果。这一方面可能是因为研究者们在各自的研究中对"任务复杂性"这一变量的操纵并没有遵循一个共同的标准,而只是根据研究者自己的想法设置决策任务,每个研究中决策任务的复杂与否只是相对于研究者自身而言。另一方面的原因是,不同研究中对决策的效果即决策质量的考量可能也存在差异。

第二节　决 策 质 量

人们在日常生活中不断地进行着大大小小的决策,虽然不同决策的重要性各不相同,但做出正确的决定,即做出一个"好"的决策却是非常重要的。决策结果的"好"与"坏"涉及的就是决策质量问题。决策质量是决策科学的核心问题,而在行为决策领域内,决策质量仍是一个尚未解决并且需要被持续关注的问题(Geisler et al.,2015)。目前,决策质量的研究主要涉及两个方面,一是如何评价决策质量,二是如何提高决策质量。

对决策质量评价的争议具体表现为两点,一是关于决策质量评价指标的使用,即应该采用客观的还是主观的评价指标;二是关于决策质量的考察视角,仅仅从静态的视角看待决策结果还是要同时关注动态的决策过程。而关于如何提高决策质量,研究者们着重考察决策质量的影响因素时,发现了一些重要的决策匹配现象。

一、决策质量的评价指标

大量的决策研究致力于寻找一个理想的客观指标来评估决策质量,标准化的评估方式就是其中之一。传统消费决策领域常使用"效用"(Utility)作为衡量决策质量的指标,即决策结果具有最大化收益和最小化成本即为好的决策,反之则为差的决策(Bettman et al.,1998)。在被试需要根据信息源预测期货价格涨跌和股票指数升降的研究中,研究者以预测准确度作为决策效果的评价指标(陈荣 等,2013)。Wu 和 Lin(2006)在考察电子商务中消费者的决策质量时,被试需要在不同情境中做多次购买决策,研究者以选择最优款电脑(各项配置综合考量)的概率衡量决策质量。Ayal 等人(2015)在考察决策质量的影响因素时,采用被试出现决策偏差的数量衡量决策效果。

相比标准化的评估方式,也有较多研究采用反映式的评估方式来评价决策结果。Wilson 和 Schooler(1991)的研究中,被试需要在五种不同品牌的草莓酱中做出选择,研究者采用该领域的专家决策作为高质量决策的标准。李虹、陈石和倪士光(2013)在考察大学生运用不同策略的逃生决策效果时,也采用专家评估作为决策效果的评价依据。考察情境熟悉性对冰上曲棍球运动员运动决策影响的研究中,研究者采用两位专业教练的事后评估作为因变量的指标(Mulligan et al.,2012)。McMackin 和 Slovic(2000)的研究则采用大部分个体的决策作为高质量决策的标准。在真实情境中考察有限信息对老年人决策质量的影响时,研究者采用专家判断及第三方消费者的判断评估决策质量(Mata et al.,2010)。

尽管采用客观指标来评估决策结果具有较强的操作性,但正如 Yates 和 Tschirhart(2006)所指出的,决策质量的概念是多方面的,几乎所有的客观指标都存在缺陷或者不够准确。随着研究的不断拓展,人们发现,往往客观上看来一个完美的决策,决策者主观上却感到不满意(Iyengar et al.,2006;Yates et al.,1999)。因此,越来越多的研究者开始质疑不考虑决策者个人目标和标准的决策质量的评估方式(Higgins,2000;Weiss et al.,2012)。McMackin 和 Slovic(2000)根据 Wilson 和 Schooler(1991)研究中所采用的决策质量的衡量指标而对其研究结论进行发难,因为已有研究表明在消费行为领域内专家决策并不能代表高质量决策。Milkman、Chugh 和 Bazerman(2009)指出,除了借鉴传统经济学理论的标准,决策质量的评价应该基于决策者在决策后是否对其所做决策感到满意。甚至有研究者认为,只要决策者认为正确,并在决策后保持满意的决策就是最优决策,与他人评价无关(Milkman et al.,2009;Wood et al.,2014)。

在消费决策研究领域常常以决策后满意度衡量决策质量(Avnet et al.,2006;Dijkstra et al.,2016;Otto et al.,2010;王怀勇 等,2014;Wang et al.,2016)。此

外,决策后满意度在医疗决策的研究中也有应用,如以癌症病人的满意度作为治疗决策效果的指标(Orom et al.,2016),或者以病人对治疗方案每个特征值的评定估值的加权来衡量治疗决策的效果(Bansback et al.,2014)。

在一些研究中,研究者也会根据决策任务的性质,同时考察几种不同的因变量来衡量决策质量。比如,在考察策略使用以及选项数量对决策者网友选择的调节作用的研究中,研究者既选用了被试的搜索时间、搜索比率以及搜索选项的数量等客观指标,又选用了被试的偏好这一主观变量作为因变量的指标(Wu et al.,2009;Yang et al.,2010)。杨继平和郑建君(2009)考察情绪对危机决策质量的影响时,同时考察了决策时间、在决策过程中有效整合信息的能力与效率以及被试对决策过程的自信程度和对决策结果的满意程度三项决策质量的指标。

由上述决策质量评价指标的争论可见,无论是客观指标还是主观指标,其作用都是要能够反映和度量决策效果,因此,选用指标的首要条件是必须准确有效。决策质量指标的选择必须考虑与决策任务是否兼容,正如 McMackin 和 Slovic(2000)在探讨不同思维方式对不同特征的决策任务的影响时所采用的办法,就是要根据决策任务的特征差异选择相对应的指标来评估决策效果。

二、决策质量的影响因素——匹配

行为决策领域的研究者在探索决策质量的影响因素时,发现了一些重要的与决策策略相关的匹配现象。

(一)调节匹配效应

由于一系列的调节匹配效应是调节匹配理论在操作层面上的延伸,而调节匹配理论又建立在调节定向理论的基础之上。因此,以下首先对调节定向理论做简单介绍,然后着重介绍调节匹配理论以及建立在该理论基础上的其他一些匹配现象。

1. 调节定向理论

Higgins(1997)超越动机的享乐主义原则,提出了调节定向理论(regulatory focus theory)。该理论认为,在实现目标的自我调节过程中,个体不同的自我调节系统会被激活,由于目标基于自我调节的类型相应地被分为理想型目标和应该型目标,前者激活的自我调节系统为促进定向(promotion focus),后者激活的自我调节系统为预防定向(prevention focus)。且理想型目标被表征为希望、愿望和抱负,而应该型目标被表征为责任、义务和职责,因此,促进定向涉及成长和成就,预防定向涉及保护和安全。简单来说,调节定向就是个体在实现目标的自我调节过程中表现出的特定的方式或倾向。

根据调节定向理论,两种调节定向在期望目标的状态、满足需要的类型、关注结果的类型和追求目标的方式四个方面存在基本的区别。促进定向追求"理想自我"目标,预防定向追求"应该自我"目标;促进定向与满足成长的需要(如成长和发展)等相关,预防定向与满足安全的需要(如保护和免受伤害)等相关;促进定向的个体在目标追求过程中更关注有没有积极结果出现,努力获得积极结果,避免没有获得积极结果,而预防定向个体在目标追求过程中对有没有消极结果更加敏感,努力达到没有消极结果,以避免消极结果的出现;促进定向在追求目标过程中倾向于采用渴望-接近方式,预防定向在追求目标过程中倾向于采用警惕-回避方式(Higgins,1997;林晖芸 等,2007;王怀勇,2011;姚琦 等,2009)。

调节定向分为特质性调节定向和情境性调节定向两种类型。特质性调节定向反映的是个体在自我调节方面稳定的长期的人格特质,与父母教养目标的侧重点及个体实现理想和应该目标时的主观成败经验有关(Higgins,1997)。父母教养目标如果更关注儿童成长需要的满足,孩子在与抚养者互动过程中不断体验获得积极结果和未获得积极结果的快乐和痛苦,而父母教养目标如果更关注儿童安全需要的满足,孩子在互动及社会化过程中则会体验消极结果的出现和不出现所引发的快乐和痛苦,如此,孩子就会不自觉地习得促进和预防两种调节方式。另外,个体在实现理想和应该自我的过程中,会获得不同的主观成败经验,这些经历的积累也会使他们更偏好某一种调节方式,从而形成特质性调节定向。情境性调节定向则是由情境因素所启动和诱发的暂时性动机状态(Molden et al.,2006;Van-Dijk et al.,2004),能够被特定的情境和任务临时诱发和启动,进而影响个体随后的心理和行为。

与此相对应,特质性调节定向常采用问卷法进行测量,具体包括基于自我指导类型的自我问卷(Selves Questionnaire)(Higgins et al.,1994)以及自我指导强度测量(Self-Guide Strength Measure)(Higgins et al.,1997),基于策略方式的调节定向策略量表(Regulatory Focus Strategy Scale)(Ouschan et al.,2007),基于直接测量的一般调节定向测量(General Regulatory Focus Measurement)(Lockwood et al.,2002),和基于个体主观调节历史的调节定向问卷(Regulatory Focus Questionnaire)(Higgins et al.,2001),以及行为激活/抑制系统测量(Behavioral Activation System/Behavioral Inhibition System Scales)(Carver et al.,1994)。上述测量工具或者因为操作和记分方式的繁琐或者因为应用领域的局限,其中仅有调节定向问卷在调节定向的相关研究中应用的最为广泛。国内学者对该问卷进行了修订,形成了10个项目的调节定向问卷中文版,可以有效测量促进定向和预防定向两个基本维度,修订后的问卷具有较好的内部一致性信度和区分效度(姚琦 等,2008)。

情境性调节定向则往往采用实验法启动,任务框架范式就是其中一种,该范式用强调有无收益的框架启动促进定向,用强调有无损失的框架启动预防定向。Crowe和Higgins(1997)的研究中就采用强调有无收益的促进定向框架(如果第一个任务做得好,接下来你可以做你喜欢的任务;如果第一个任务做得不好,接下来你不能做你喜欢的任务)、有无损失的预防定向框架(只要你第一个任务做得差,你就必须做你不喜欢的任务;只要你第一个任务做得不差,你就不必做你不喜欢的任务)这四种框架成功地进行了启动。情绪也可以启动个体的调节定向,个体详细描述近期发生的令自己喜悦或沮丧的经历可以启动促进定向,而仔细回忆令自己放松或愤怒的经历则可以启动预防定向(Roese et al.,1999)。自我指导类型启动是让被试写出他们的义务、责任来启动防御定向,或写出他们的希望或目标来启动促进定向(Higgins et al.,1994)。除此之外,调节定向还可以采用直接的方式来启动,如通过启动与促进型目标(追求、成功、收获等)及预防型目标(回避、预防、错误等)相关的词汇来启动相应的调节定向(杜晓梦 等,2015;Lockwood et al.,2002)。上述的任务框架、情绪、自我指导类型以及与调节定向相关的词汇都可看作个体情境性调节定向的前因变量。

2. 调节匹配理论

在对调节定向理论进一步拓展的基础上,Higgins(2000)提出了调节匹配理论(regulatory fit theory)。调节匹配理论强调个体对某个活动的目标和其从事该活动的方式之间的关系的重要性。该理论认为,当不同调节定向的个体分别使用自身偏好的行为策略来达到目标,就会出现调节定向与行为策略之间的匹配,称之为调节匹配。具体而言,由于促进定向和预防定向个体分别偏好渴望接近策略和警惕回避策略来实现目标和满足需要(Crowe et al.,1997),因此促进定向与渴望接近策略、预防定向与警惕回避策略就分别达成了调节匹配。

当调节匹配发生时,个体会产生一种独立于结果效价之外的、基于过程的价值,即源于匹配的价值(value from fit)。Higgins(2000)以学生想取得优秀的学业成绩为例对调节匹配理论做了详细说明:尽管学生们的目标一致,但根据调节定向的不同,学生们可以被分为两类——促进定向的学生把取得优秀当作一种愿望和理想,预防定向的学生则把学业优异看作责任和义务。这就导致他们在追求学业优异的过程中往往采用不同的策略,前者常采用渴望-接近策略如积极阅读课外读物,而后者常采用警惕回避策略如认真完成课堂作业以避免惩罚。当两者分别运用与其自身相匹配的策略时,调节匹配效应就会发生,学生就会对自己的行为方式产生"正确感"体验,进而对当下的行为产生更强烈的动机和兴趣并促使其坚持该行为。

调节匹配理论提出之后,围绕该理论的大量研究表明,调节匹配会对个体的行为动机和情绪等产生影响,统称为调节匹配效应(regulatory fit effect)。调节匹配会通过增强个体行为动机,达到改善任务绩效的结果(Freitas et al.,2002)。以真实情境中的真实任务作为实验任务的研究也支持这一结果(Spiegel et al.,2004)。相比不匹配个体,调节匹配个体的身体忍耐力更强,在认知活动中的坚持性更强,抵御诱惑的自控力也更强(Higgins,2000)。Kim(2006)的研究也揭示匹配能够促进目标行为(吸烟意图降低)的出现。调节匹配与否还会导致个体再次完成行为的兴趣得到增强还是减弱(Higgins et al.,2010)。Hong 和 Lee(2008)采用握手柄和选择食品等多种实验任务,探讨了调节匹配对任务绩效的积极影响,并揭示了其影响机制是通过增强动机强度实现的。

调节匹配能够独立于结果效价之外而对个体的情绪起调节作用,在调节匹配状态下,人们对预期结果的情绪体验会更加强烈,若积极结果出现,情绪体验更加积极,若预期消极结果出现,则情绪体验更加消极(Aaker et al.,2001;Idson et al.,2000;林晖芸 等,2007)。在 Idson、Liberman 和 Higgins(2004)的研究中,结果效价所引发的情绪体验和动机强度被作为协变量,考察结果效价和调节匹配对情绪的影响,结果发现当情绪体验被控制后,结果效价对情绪体验影响不显著,而调节匹配却影响情绪体验;但当动机强度被控制后,调节匹配对情绪体验影响则不显著。这表明,调节匹配是通过增强个体动机强度,进而提高个体对结果所产生的情绪体验。

调节匹配不仅能增强个体的行为动机进而影响任务绩效和情绪体验,在行为决策领域,调节匹配还能够提高决策者的结果评价。Avnet 和 Higgins(2003)发现,当被试采用与自身调节定向相匹配的策略选择灯具时,他们对所选定的同一款灯具估价更高,并愿意花更多钱购买。之后,Avnet 和 Higgins(2006)更换行为策略的操作方法,再次验证了匹配个体对所选择结果的评价更高。不仅仅是静态决策任务,在动态决策任务中,调节匹配个体对决策结果的评价也高于不匹配个体(Otto et al.,2010)。调节匹配能够提高选择者对选择结果的主观评价,这种评价的提高并非由积极情绪、感知到策略的效果或者效率引发,而仅仅只是因为匹配本身(Higgins et al.,2003)。由于促进定向的个体倾向于采用探索性加工方式,追求速度,预防定向的个体倾向于使用谨慎的加工方式,强调准确(Pham et al.,2004;姚琦 等,2009),于是,当个体的调节定向与信息加工方式(基于选项的加工-基于选项特征的加工)匹配时,选择后满意感会更高(Mourali et al.,2009);当个体的调节定向与评价模式(情感-理智)匹配时,他们会为自己所选择的物品出价更高;个体调节定向与信息搜索模式匹配时,决策者对决策结果的评价更为积极(王怀勇 等,2014);在个体的调节定向与决策策略(启发式-分析式)相匹配的情况下,决策后满意度更高(Wang et al.,2016)。可见,调节匹配提高了个体对自己行为结果的评价和满意度。

3. 调节匹配效应的机制

调节匹配效应的存在得到了诸多研究的支持,同时也出现了很多关于匹配价值的产生原因的探讨。Higgins(2000)在提出调节匹配理论的同时,对这种源于匹配的价值就进行了探讨,认为实现目标过程中的调节匹配使个体对自己的当下行为产生了一种"正确感",而这种正确感体验会转移到随后的结果评价上,导致调节匹配效应的产生。在选择的过程中,其实物品的客观价值并没有增加,增加的只是个体对物品的主观价值判断。这种主观上的价值增值现象是个体无意中将源于调节匹配的价值错误地转移到所选物品上导致的。因此,一旦被试意识到这种由调节匹配所带来的正确感体验并对此进行评定,这种价值转移就会消失(Higgins et al.,2003)。较早的研究都把正确感作为主要的中介变量来解释调节匹配效应(Avnet et al.,2003;Camacho et al.,2003;Cesario et al.,2004)。但在随后的研究中,正确感体验逐渐被描述为投入强度(strength of engagement)的前因变量(Avnet et al.,2006;Higgins,2006a)。甚至在理解调节匹配产生的价值时,投入强度被赋予了和正确感同等重要的作用(Higgins,2006b)。随着研究的推进,相关研究者并未对正确感的中介作用机制进行明确论述(Higgins et al.,2009;Pham et al.,2009),转而采用直接投入强度来解释匹配产生的价值(Higgins et al.,2008;Higgins et al.,2010;Sehnert et al.,2014)。

还有部分研究把加工流畅性作为中介变量来解释调节匹配效应(Labroo et al.,2006;Lee et al.,2004),但是在这其中也出现了两种不同的观点:一种观点将加工流畅性表述为卷入度上升带来的现象,卷入度是加工流畅性的前因变量(Cesario et al.,2008)。另一种观点则认为卷入度和加工流畅效应都起到了部分中介作用,两者是平行关系(Lee et al.,2010)。国内学者也试图考察调节匹配的机制,发现加工流畅性对调节匹配起到部分中介作用,正确感体验起完全中介作用,并据此认为正确感体验是调节匹配效应的机制(王怀勇,2011)。以上的争论表明,调节匹配效应机制还有待进一步探索。

(二) 其他匹配现象

随着调节匹配理论研究的不断拓展,更多个体的稳定性特质与行为方式的匹配现象被发现。

经典调节匹配理论关注决策者的促进和预防两种调节倾向,除了这两种基本分类之外,个体自我调节定向还可以被分为移动(locomotion)和评估(assessment)两种定向(Higgins et al.,2003)。移动定向的个体更关注从一种状态向另一种状态的移动,评估定向的个体则关注两种状态的比较(Higgins et al.,2003)。研究发现,当移动和评估两种不同调节定向的个体分别与全面评估策略(full evaluation)和逐步消除策略(progressive elimination)匹配的情况下,对所选物品的估价更高(Avnet et al.,2003)。研究发现,个体的整体—局部信息加工风格与决策策略匹配时,决策者会对所选物品产生更高的主观评价(Dijkstra et al.,2017;Förster et al.,2005)。个体的倾向性偏好(dispositional preference)与决策策略相匹配会对所选项产生更高的感知价值(Avnet et al.,2006)。Betsch和Kunz(2007)的研究发现,个体决策偏好(individual strategy preferences)与实际所用决策策略的匹配时,会达到决策匹配(decisional fit),决策者会对所选物品产生更高的感知价值,并体验较少的决策后后悔。个体在决策时,存在结果定向和学习定向两种决策定向,前者更关注决策结果,而后者更关注从决策中获得知识。研究发现,当学习定向个体完成高认知需求(选择集较大)选择任务后,对选择结果的评价高于结果定向个体完成相同任务,针对低认知需求任务(选择集较小),结果恰相反(Mcneill et al.,2012)。此外,个体的自我信念(self-beliefs)与数学功能的描述方式(社会效益/个体效益)相匹配能够预测数学问题解决上更好的表现,甚至能够预测错误回答问题后对学习指南更加有效的利用(Rodriguez et al.,2013)。

除个体特质之外,研究还发现,当状态性情绪与决策策略相匹配时,个体对决策结果有更高的主观评价(De Vries et al.,2008;Sayegh et al.,2004)。这些研究都表明,匹配所产生的额外价值会使决策者对自己的决策行为产生更高的结果评价。

而在对上述这些与决策相关的匹配现象进行解释时,研究者们通常借用了调节匹配效应的解释,认为是匹配状态下的正确感(De Vries et al.,2008)或者是匹配引发的投入强度的增加(Rodriguez et al.,2013)导致了更高的结果评价,甚至一些研究者干脆不做权衡,在对研究结果的讨论中,把两者都作为价值增加的可能原因(Dijkstra et al.,2016)。

综上所述,从决策匹配的视角探讨对决策质量的影响已经取得大量的研究成果。然而,已发现的匹配现象多建立在决策者本身的一些主观变量与决策者行为策略之间的匹配关系之上,同时,对这些匹配现象机制的探讨也未取得统一的结论。因此,探索决策任务变量与决策者行为策略之间是否存在匹配现象,并进一步探查其背后的机制具有重要意义。

第二章 问题提出与研究构想

第一节 问题提出

通过第一章的文献综述对以往直觉性决策策略-分析性决策策略及决策质量的相关研究进行梳理之后,发现当前研究主要还存在以下问题:

第一,从决策策略匹配的视角探讨决策质量的提升已经取得了一些进展,发现的一些匹配效应可以为个体决策质量的优化提供有价值的参考。然而,已有研究多从个体(稳定性特质以及状态性情绪)的视角考察其与决策策略之间关系对决策质量的影响,进而建立起匹配关系,对决策任务的关注还比较缺乏。既然直觉性策略和分析性策略各有优势,并且针对不同的决策任务,两种策略已经被证明存在适用性,那么能不能从决策任务的视角,考察其与决策策略之间会不会也存在匹配关系进而影响决策质量?如果匹配效应存在,这种匹配效应产生的机制是什么?此外,这种匹配效应具有普遍性还是特异性,决策者一些稳定的个人特质(特质性调节定向)会不会对这种匹配效应产生干扰?

第二,在从已有研究中对决策任务变量的操作来看,已有研究中所涉及的决策任务均由实验者自行设置并认定为具有某种特征。由于个体感知差异的存在,这些特征在实验中作用于被试时,可能无法被感知为具有实验者所认定的特征。已有研究忽略了决策者对决策任务特征感知的主观性和差异性,因此,已有关于两种决策策略针对不同决策任务的适用性结论对个体决策的优化意义并不大。同时,已有研究中研究者自行设定并操纵的任务特征侧重于决策任务的某个单一具体特征,而个体在实际生活中所面对的决策任务基本上都是多个特征的结合。人们在决策时往往是对这些特征结合概括化之后再进行决策,这也使得已有研究中决策任务变量的生态效度缺乏,从而导致已有研究结果对提升个体决策质量的指导意义不强。

第三,从决策质量的评价指标来看,已有研究较多地采用客观标准衡量个体的决策质量。对于需要每天完成不同行为决策任务的决策者来说,既然决策任务特征具有主观性,衡量决策结果的指标也应该倾向于主观。

第四,从研究方法来看,已有研究的方法较为单一,实验室中完成的实证研究缺乏生态效度,决策任务具有人为性和明确的规范标准,与个体现实生活中的决策相脱离。

第二节 研究构想

本研究立足于个体决策的主观性特点,在对决策者感知任务特征进行归纳和提炼形成若干特征维度的基础上,运用实证研究的方法,考察决策者面对不同感知任务特征时,不同决策策略的使用对决策质量的影响,由表及里地逐步探究决策者感知任务特征与决策策略的匹配效应,并在此基础上初步揭示匹配效应的形成原因、机制以及匹配效应的影响因素,从而为决策者的决策优化提供科学依据。

一、研究目标

(1) 探究决策者感知任务特征的维度。
(2) 揭示决策者感知任务特征与决策策略的匹配效应,为决策者提升决策质量提供科学依据。
(3) 初步探索匹配效应的形成原因及其机制。
(4) 考察匹配效应的调节因素,以揭示匹配效应具有普遍性还是特异性。

二、研究内容

为达成上述目标,本研究形成如下研究内容:
(1) 决策者感知任务特征维度的确定。利用开放式问卷收集决策者感知任务的具体特征,在此基础上归纳提炼形成决策者感知任务特征维度,该维度具有主观性和概括性特征。
(2) 决策者感知任务特征与决策策略的匹配效应。一方面,运用现场实验考察感知任务特征维度与决策策略的不同搭配对决策质量的影响,揭示两者之间的相关关系,为进一步因果关系的探查做铺垫。另一方面,通过实验室实验,逐一考察感知任务特征的每一个维度与两种决策策略的不同搭配对决策质量的影响,比较决策质量之间的优劣,揭示出不同配对与决策质量之间的因果关系,验证匹配效应。
(3) 匹配效应的成因及机制。通过实验室实验,探索感知任务特征的不同维度与策略匹配效应的成因,并逐一检验正确感体验、投入强度以及加工流畅性在不同维度与策略匹配效应中的中介作用。

(4) 匹配效应的调节因素。通过实验室实验考察个体特质性调节定向对匹配效应的影响,检验匹配效应具有普遍性还是特异性,为决策者日常生活中决策质量的优化提供针对性的参考。

三、研究框架

本书研究框架如图 2.1 所示。

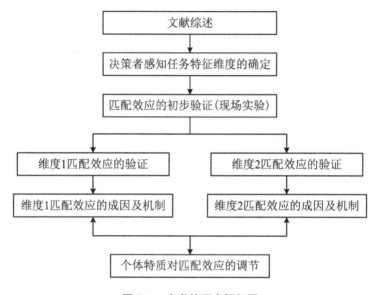

图 2.1　本书的研究框架图

四、研究方法

(1) 问卷调查法:采用开放式问卷和封闭式问卷的方法调查获取决策者感知任务的具体特征,结合探索性因素分析以及验证性因素分析统计技术,形成决策者感知任务的特征维度。

(2) 现场实验法:日常生活情境中,在自然决策任务的条件下,检验决策者感知任务特征与决策策略的匹配效应,作为对实验室实验法的补充,提高研究的外部效度。

(3) 实验室实验法:在实验室中运用严谨的实验设计,严格控制研究中的各种变量,验证决策者感知任务特征与决策策略的匹配效应,探索匹配效应的形成原因、机制及其影响因素。

第三节 研究意义

一、理论意义

如何才能提升个体的决策质量？这是行为决策领域的重要议题,本研究的理论价值主要体现在:

第一,通过研究决策者对决策任务主体感知与策略使用的关系来探讨决策质量的影响因素,对丰富和发展行为决策的相关理论具有重要价值。

第二,运用科学方法揭示决策者感知任务特征与决策策略匹配与否对决策质量的影响,为个体决策质量的提升研究提供一个新的思路。

第三,从决策者感知任务特征与策略匹配的视角考察决策质量,对于进一步理解造成决策失误的潜在心理机制具有重要价值。

第四,通过确定决策者对决策任务特征主观感知的维度,并在此基础上考察与之相匹配的决策策略,对于深入了解个体决策后评价的心理机制具有重要价值。

二、实践意义

人们需要不断地在生活中做出决策,虽然不同决策的重要性各不相同,但做出正确的决定,即做出一个"好"的决策却非常重要。因此,本研究的实际应用价值主要表现为:

第一,立足于决策者的主体感知,通过探寻与任务相匹配的决策策略,能够为个体在实际生活中做出高质量决策提供科学有效的途径。

第二,通过实证方法揭示决策质量的影响因素,能够使决策质量的提升更具有操作性,对个体决策行为的优化具有重要实践价值。

三、创新之处

本研究以个体决策的主观性为关注点,从决策者感知任务特征与策略使用匹配的视角出发,并以决策者决策后的主观满意度作为决策质量的评价指标,考察决策质量的影响因素。决策质量的主观指标既与决策者感知任务特征变量的主观性相呼应,也顺应个体决策的主观性特征。

本研究的创新体现为首次提出了决策者感知任务特征的概念,并确立了决策者感知任务特征维度。在此基础上,揭示出决策者感知任务特征与策略使用的匹配效应,初步探究了该匹配效应的机制,并进一步考察了该匹配效应的影响因素。本研究的创新能够为个体决策行为的优化提供借鉴,对提高个体在实际生活中行为决策的质量具有重要意义。

第三章 决策者感知任务特征及其与决策策略的匹配效应

第一节 决策者感知任务特征维度的确定

一、引言

第一章文献综述中回顾了针对不同特征的决策任务,启发式和分析式两种决策策略的决策效果。可以看出,为了使决策质量得到优化,学者们既关注了决策者本身,同时也注意到决策任务在其中所起的作用。然而,已有研究在强调决策任务特征时却暴露出两个问题:

一方面,已有研究中,当研究者试图考察某个决策任务特征时,通常会自行设置一个决策任务并根据自身的判断认定该决策任务具有某种特征(困难或者复杂)。由于个体差异的存在,这些特征在实验中作用于被试时,可能无法被感知为困难或者复杂。无论是面对实验室中虚拟的决策任务还是现实生活中真实的决策任务,不同个体所感知到的任务特征显然是存在差异的。也就是说,已有研究忽略了决策任务特征的主观性特点,实验者所设置并操纵的"客观特征"存在被不同决策者感知为具有不同"主观特征"的可能。涉及任务特征对策略有效性影响的已有研究中,出现的大量相互矛盾的研究结果也提示,不同研究者所设置和操纵的任务特征并没有遵循一个相同的标准,所谓的"复杂"或者"困难"仅仅只是研究者做出的个人评判。

另一方面,已有研究中,研究者所关注的特征仅局限于决策任务的单个具体特征,如选项数量的多少、选择时间的长短、每个选项所携带属性的多寡等等,而个体在实际生活中面对的决策任务却是数个特征的集合,并且决策者在通常情况下不会对这个特征集合中的每一个具体特征一一进行分辨,只是依照高度概括的直观感知来完成决策任务。显然已有研究结果难以为个体在现实生活中决策质量的优化提供借鉴。

因此,在探讨决策策略与决策任务特征的匹配效应之前,首先需要考虑决策任务的主观特征,并对其进行归纳,提炼出主观任务的特征维度。这样不仅能提高个体对决策任务主观感知的可操作性,同时在此基础上所探究出来的匹配效应也才有可能对个体决策产生优化意义。

鉴于已有研究中并未出现"感知任务特征"这一表述,这里将这一概念界定为"决策者个体感知到的决策任务特征,而不是决策任务的实际和具体特征,具有主观性和概括性"。

本研究首先利用开放式问卷,收集决策者在日常决策中感知到的与决策任务有关的具体特征,之后对这些具体特征进行归纳提炼,形成若干条目。再将这些条目编制成问卷以7点量表的形式进行施测,继而对所收集结果进行探索性因素分析,获得少数几个因素。之后进一步对任务特征结构进行验证性因素分析,最终确定感知任务的特征维度。

二、方法

(一)研究对象

采用方便取样的方法从安徽省某高校选取大学生作为被试。其中:

(1) 参与决策者感知任务特征开放式问卷调查的有效被试为209名,其中男生85名,女生124名,年龄范围为17～24岁。

(2) 参与决策者感知任务特征探索性因素分析的有效被试为200名,其中男生78名,女生122名,年龄范围为19～23岁。

(3) 参与决策者感知任务特征验证性因素分析的有效被试为168名,其中男生70名,女生98名,年龄范围为19～22岁。

(二)研究工具

(1) 自编开放式问卷(具体见附录一)。
(2) 根据筛选出的18个最终条目形成的7点计分量表(具体见附录二)。
(3) 经探索性因子分析后形成的10个条目的7点计分量表(具体见附录三)。

(三)研究程序

第一步,在任课老师的配合下,由研究者亲自主持测试,利用课堂时间集中解释题目要求后方可作答。调查没有时间限制,约20分钟后,被试全部填写完毕,研究者当场收回所有问卷。之后,由2名心理学硕士研究生和1名心理学博士研究生共同对开放式问卷所填写内容进行归纳提炼。

第二步,将归纳提炼形成的7点量表在课堂上发放,研究者宣读指导语后集中进行施测。测试没有时间限制,约5分钟后,所有被试测试完成,研究者当场收回问卷。

第三步,将删除部分条目后的 7 点量表在课堂上发放,研究者宣读指导语后集中进行施测。测试没有时间限制,约 3 分钟后,所有被试测试完成,研究者当场收回问卷。

所有数据均采用 SPSS 20.0 和 AMOS 13.0 软件进行处理。

三、结果与分析

(一) 开放式问卷结果

通过对被试开放式问卷调查结果填写内容的分析,个体决策时感知到的与任务有关的具体特征主要涉及"他人的影响""选择时的时间压力""自身需求""前期的思考准备""是否有价值""选择结果对未来的影响""与自身的匹配""各个选项的利弊""选项的多少""选择是否有必要""是否重要"等。

经归纳提炼后形成 18 个条目,具体包括:时间压力、选项数量、选项之间相似性、对选择任务的熟悉程度、每个选项所包含的特征多少、选项间的冲突大小、选项的优劣、选项吸引力、选项价值、选择任务与自身的利害关系、选择任务的价值、完成选择任务所花费的时间、完成选择任务所消耗的精力、选择结果的不确定程度、完成选择任务的必要性、选择结果对自身的影响、对选择结果的需求程度、选择结果对重要他人的影响。

(二) 探索性因素分析结果

1. 项目分析

项目分析的主要目的是计算出问卷各个项目的决断值(CR 值)。决断值又叫临界比,它是根据测量总分区分出高低分组之后,再求高、低两组每个项目的平均差异显著性,以删除未达到显著水平的题目。本研究预测的决策者感知任务特征 18 个项目均具有较好的区分度,所以全部予以保留。

2. 探索性因素分析

本研究采用 Bartlett 球形检验对决策者感知任务特征量表进行检验,KMO 值为 0.90,卡方值为 1072.60(自由度为 45),达到了 0.001 显著水平,表明该问卷的数据可以做探索性因素分析。

本研究探索性因素分析采用的因子抽取方法是主成分分析法,因子旋转采用斜交旋转法,选取特征根大于 1 的因素,并且参照碎石图确定项目和因子的选取。按照项目共同度的大小,选择共同度高、负荷大的因子项目,舍弃共同度低、负荷小的因子项目,同时删除在多个因子上交叉负荷的因子项目,进行多次的因子抽取,同时参考碎石图决定因子个数。经过多次探索,最终确定了 10 个项目,分别由两个维度构成,其中因子一包含 5 个项目,因子二包含 5 个项目。具体结果见表 3.1。

从该表可见,"决策者感知任务特征"项目的载荷值在 0.57~0.96 之间,累计方差贡献率达到了 64.55%。因子 1 命名为"难易度",表示决策者决策时感知到的困难程度;因子 2 命名为"重要性",表示决策者决策时感知到的重要性程度。

表 3.1 决策者感知任务特征探索性因素分析

项 目	因 子 负 荷		共同度
	因子 1	因子 2	
完成选择所花费时间	0.80	—	0.55
选择结果的不确定程度	0.76	—	0.55
选项间冲突的大小	0.74	—	0.65
完成选择所消耗精力	0.71	—	0.56
对选择的熟悉程度	0.64	—	0.55
选择与自身的利害关系	—	0.96	0.79
选择的价值	—	0.88	0.72
选择结果对自身的影响	—	0.75	0.74
选项的价值大小	—	0.71	0.70
对选择结果的需求程度	—	0.57	0.65
特征值	—	1.08	—
方差贡献率	—	10.84%	—
累计方差贡献率	—	64.55%	—

(三)验证性因素分析结果

从表 3.2 的数据指标可以看出,决策者感知任务特征二因素模型拟合指数均达到了可接受的程度。

表 3.2 决策者感知任务特征拟合指数($n = 168$)

模型	拟 合 指 数								
	χ^2	df	χ^2/df	RMSEA	GFI	AGFI	NFI	IFI	CFI
二因素模型	65.49	30	2.18	0.08	0.93	0.87	0.91	0.95	0.95

决策者感知任务特征结构方程模型如图3.1。

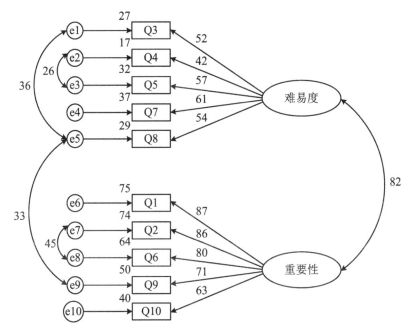

图 3.1 决策者感知任务特征结构方程模型

四、讨论

本研究借助于开放式问卷和闭合式问卷，结合探索性因素分析及验证性因素分析技术，探查出决策者感知任务特征具有两个维度，分别是难易度维度和重要性维度。

前文已经回顾了决策任务对策略有效性的影响，可见，任务特征虽然已经引起研究者们的关注，关于决策任务具有主观性特点却鲜有研究者提及。此外，已有研究在考察任务特征的作用时，所考察的任务特征本身就有重叠，如任务结构、内容和呈现方式与任务复杂性之间均有重叠。同时，这些不同特征所引发的决策者的主观评价也会出现重叠。比如，Payne、Bettman 和 Johnson（1993）将决策任务特征分为三个维度，分别为任务复杂性维度（由选项数量、属性数量、时间压力决定）、反应模式维度（任务需要决策者做出选择还是做出判断）以及信息呈现维度（标准化的、完整的、模棱两可的程度）。这三个维度就会导致决策者评价一致，信息呈现不完整、模棱两可和任务复杂以及需要被试做出选择都会让决策者产生选择困难的主观感受。Hammond 等人（1987）创造性地提出了"认知连续体"，并基于此提出一个维度，认为决策任务根据启发性和分析性特征可对应于该维度上的某个位置。分析式决策任务具有定量、标准化和高度规则的特征，启发式任务则表现为主观性和无组织的特点。这种维度的设定显然过于笼统,也不易于决策者的实际操作。

综合探索性因素分析和验证性因素分析的各项指标来看,本研究探查出的两个感知维度既能体现任务特征的主观性,同时也具备概括性,能较全面地涵盖任务特征,使得决策者在现实生活中决策质量的优化具有较强的可操作性。接下来,可以考察感知任务特征的不同维度与决策策略之间是否存在匹配效应。

五、结论

决策者感知任务特征具有两个维度,分别是感知任务难易度维度和感知任务重要性维度。

第二节 现场实验初步检验匹配效应

一、引言

第三章第一节对匹配视角探讨决策质量影响因素的研究进行了梳理,已发现的匹配现象多建立在决策者本身的一些主观变量与决策者行为策略之间的匹配关系之上,包括个体一些稳定性的人格变量以及状态性情绪,从决策任务与策略匹配的视角考察决策质量影响因素的研究很罕见。在考察决策策略的适用条件时,已有研究揭示出任务特征对启发-分析式决策策略有效性的影响,表明任务与策略之间可能存在匹配效应。但是,其中出现的大量相互矛盾的结果表明,不同研究者对任务特征的设置和操纵并没有遵循一个共同的标准。

考察任务特征对策略有效性的影响时,绝大多数研究者考察任务特征较为具体,关注到任务概括性特征的较少。比如,Wilson 和 Schooler(1991)指出,分析式思维更适合那些包含客观的属性易于表述的决策任务,不适合包含大量情感成分或刺激维度难以被定义的任务。Epstein(1994)强调启发式思维模式适合非言语信息或者具体刺激,分析式思维适合通过符号表征和逻辑推理的抽象任务。Hogarth(2005)提出,当任务背景促进视觉推理的情况下,更易被启发式模式加工,而 Dijksterhuis 和 Nordgren(2006)则认为个体必须遵守严格规则的决策任务采用分析式策略的效果更好。

尽管大量研究表明任务特征会影响个体在决策过程中的信息加工(Payne et al.,1993),但少有研究关注到决策过程中的策略使用对决策质量的影响会取决于决策任务特征(Mata et al.,2010),直接考察决策任务特征的研究极为少见。较早的一个研究将决策任务特征归纳为一个维度,即启发式-分析式维度,不同决策任务根据其启发式-分析式特征的程度分布在这个维度上的某处(Hammond et al.,1987)。启发式任务具有高熟悉度,无法使用规则和算法来整合线索和主观测量的特点,而分析式任务的特点是定量表征、客观测量以及现成的组织原则。根据这一思路的研究发现,启发式策略适用于启发式决策任务,而分析式策略适用于分析式决策任务,对于某些决策任务,仔细思考理由有效,而对于另外一些任务,仔细思考理由反而会降低决策质量(McMackin et al.,2000)。在此研究中,研究者在对其研究结果讨论时也强调,研究中所采用的启发式和分析式两种决策任务还存在其他特征维度上的差异。因此,启发式策略和分析式策略针对决策任务的其他特征维度可能也存在适用性。之后,Rusou、Zakay 和 Usher(2013)再次验证了决策效果取决于任务特征与决策策略的相容性,对于图像任务(启发式任务),启发式策略导致较少的决策偏差,对于数字任务(分析式任务),分析式策略的质量更高。

Halberstadt 和 Catty(2008)在探讨启发式思维与分析式思维对决策质量的影响时发现,当决策任务之前被个体接触过,感知为熟悉的情况下,启发式策略的效果优于分析式策略。研究者据此推断,是由于分析式思维会把决策者的注意引导向其他一些似是而非的信息上,从而破坏决策者对"熟悉"这一有利线索的使用。但是在该研究中,研究者并未对"决策者感知"进行控制,仅采用先前呈现的方式操纵"熟悉任务",因此笔者认为研究结果可以归因为分析式思维对任务熟悉性的干扰,也可认为"决策者主观熟悉任务"并不存在,而是决策任务的其他维度影响了策略的有效性。此外,Payne、Bettman 和 Johnson(1993)曾将决策任务特征划分为复杂性、反应模式及信息呈现三个维度,据此分类进行的实证研究却并未出现。另外,决策任务具有主观性也并未引起研究者们的重视,仅有研究在强调决策结果主观性的同时,提及选项属性的重要与否具有主观性(Schwartz et al.,2010)。

基于此,本研究第二部分创造性地提出了决策者"感知任务特征"的概念,强调决策任务特征的主观性和概括性特征,并通过研究发现其包括难易度和重要性两个维度。以下将根据决策者感知任务特征的两个维度,考察其对决策策略有效性的影响,探索匹配效应是否存在。本研究首先通过现场实验考察任务特征与策略之间的关系对决策质量的影响,再通过实验室实验逐一检验两个特征维度与策略之间是否存在匹配效应。

二、方法

(一)研究对象

选取安徽某高校校园超市出口处刚购物结束的大学生作为被试,共计330人,其中男生 130 名、女生 200 名,年龄范围为 18~23 岁。

(二)实验材料

采用自编问卷,问卷内容包含两部分:一部分涉及被试的个人信息(性别和年龄)和刚刚在超市里购买的一件商品名称(如果被试购买多件,则要求其锁定其中一件);另一部分是 4 个问题,内容分别涉及从多种品牌的商品中做出选择的困难程度、购买这件商品的重要性程度、选择这件商品时采用的策略以及此刻对所购买商品的满意程度。4 个问题均以 7 点量表的形式呈现,要求被试根据自己的实际在符合自己的那个数字上划"√"。(具体见附录四)

(三)实验程序

在一名心理学硕士的配合下,研究者本人作为主试,在校园超市门口对购买完商品的同学进行问卷调查。整个问卷作答时间大约为 3 分钟,给予完成问卷的同学每人一份小礼物作为报酬。最后共收集问卷 330 份,剔除无效问卷 8 份,最后获得有效问卷 322 份,有效回收率为 97.6%。所有数据均采用 SPSS 20.0 统计软件进行统计分析。

三、结果

将被试对决策任务困难程度、重要性程度和策略使用的 7 点评分取平均数,并以平均数为临界值,小于均数代表被试评分为容易、不重要和使用启发式策略,大于均数代表被试评分为困难、重要和使用分析式策略。

(一)任务难易度与策略使用对决策后满意度的影响

不同感知任务难度条件下被试的决策后评价见表 3.3 和图 3.2。

以决策任务难易度和策略使用为自变量,以决策任务重要性为协变量,以决策后满意度为因变量的完全随机方差分析表明:难易度与策略的交互效应不显著,$F(1,291)=2.39, p>0.05$。难易度主效应显著,$F(1,291)=4.81, p<0.05, \eta^2 = 0.02$,在感知任务比较容易的情况下,被试的决策后评价更为积极。策略使用的主效应不显著,$F(1,291)=1.53, p>0.05$。

表 3.3 不同难度任务条件下两种策略的决策效果

实验条件	启发式策略		分析式策略	
	M	SD	M	SD
困难	5.25	0.73	5.20	0.93
容易	5.36	0.85	5.82	0.80

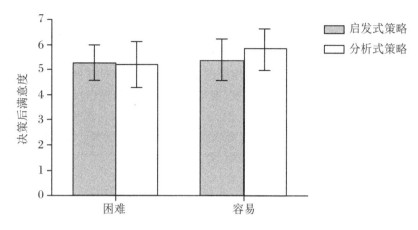

图 3.2　感知任务难易度与策略使用方差分析结果

(二) 任务重要性与策略使用对决策后满意度的影响

不同感知任务重要性条件下被试的决策后评价见表 3.4 和图 3.3。

表 3.4　不同重要性任务条件下两种策略的决策效果

实验条件	启发式策略		分析式策略	
	M	SD	M	SD
重要	5.43	0.97	5.84	0.60
不重要	5.31	0.79	4.97	1.00

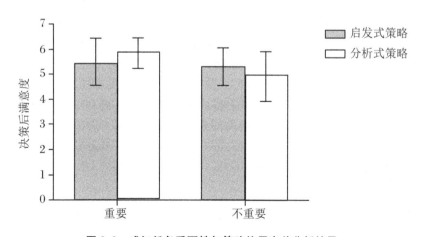

图 3.3　感知任务重要性与策略使用方差分析结果

以决策任务重要性和策略使用为自变量,以决策任务难易度为协变量,以决策后满意度为因变量的完全随机方差分析表明:重要性与策略的交互效应显著,

$F(1,318) = 7.50, p < 0.01, \eta^2 = 0.02$。重要性主效应显著，$F(1,318) = 13.50, p < 0.01, \eta^2 = 0.04$，与感知任务不重要相比，在感知任务为重要的情况下，被试决策后评价更为积极。策略主效应不显著，$F(1,318) = 0.07, p > 0.05$。

为深入考察任务重要性与策略使用的交互作用，接着对其做进一步的简单效应分析。在感知任务为重要的情况下，采用分析式策略的被试决策后满意度高于采用启发式策略被试，$F(1,318) = 4.24, p < 0.05, \eta^2 = 0.01$；在感知任务为不重要的情况下，采用分析式策略的被试决策后满意度低于采用启发式策略的被试，显著性为边缘显著，$F(1,318) = 3.27, p = 0.07, \eta^2 = 0.01$。

四、讨论

本研究通过对超市购物消费者的现场调查发现，消费决策策略对决策后满意度的影响取决于消费者对此次决策任务特征的感知。当任务感知为重要时，采用分析式策略的消费者比采用启发式策略消费者的决策后评价更积极；当任务感知为不重要时，采用启发式策略的消费者决策后满意度高于采用分析式策略的消费者。感知任务特征的重要性维度与决策策略的匹配效应基本得到了证实。

本实验中感知任务的难易度维度与决策策略的匹配效应并未得到证实，笔者认为原因是：本研究所涉及任务是大学生在校园超市里进行的消费决策，从收集问卷来看，被试购买的都是日常生活和学习用品如牙膏、笔记本以及一些即时消费品如酸奶、冰淇淋和饮料等等。这些消费品价值较小，非耐用，且可选择范围也较小，较难让被试产生决策困难感知，因此启发式策略的优势并没有显现出来。根据动机强度理论，认知努力随任务难度的增加而增加，但当任务被感知为很困难时，认知努力却会停止(Brehm et al., 1989)。对大多数被试来说，本实验中的消费决策任务显然并没有困难到使其停止认知努力转而采用启发式策略的地步。

本实验完成于超市出口处，收集了刚购物结束的消费者对感知任务特征、决策策略使用及决策后满意度的主观报告。该现场实验虽然具有较高的生态效度，但所有变量均来自于主观报告，实验中不能对其进行控制，实验任务及可能存在的无关变量也没有得到控制，实验结果的内部效度还无法确定。后面的章节将在实验室严格控制条件下验证本实验的发现，逐一检验感知任务的难易度和重要性维度与策略使用对决策后评价的影响。

五、结论

消费者感知购买任务重要性与消费决策策略对消费后满意度有交互影响：当任务感知为重要时，采用分析式策略的消费者决策后满意度高于采用启发式策略的消费者；当任务感知为不重要时，采用启发式策略的消费者决策后满意度高于采用分析式策略的消费者。感知购买任务为容易的消费者在其决策后满意度高于感知购买任务为困难的消费者。

第三节 感知任务难易度与策略匹配对决策后评价的影响

现场实验初步揭示了决策者感知任务特征与策略使用对决策后评价的影响,感知任务为重要的情况下分析式策略的效果更好,感知任务为不重要的情况下启发式策略的效果更好。由于现场实验的决策任务无法控制,任务整体都过于简单,导致感知任务难易度与策略的匹配效应未被证实。

同时由于现场实验也无法对各相关变量和无关变量实施控制,决策任务难易度和重要性两个自变量的作用无法在实验前或实验过程中进行分离,只能在事后统计时采用协变量的方法进行控制,以检验每一个自变量的作用效果。因此,笔者将在实验室中采用严格控制的条件逐一考察决策任务难易度和重要性对启发式策略和分析式策略有效性的影响。

一、引言

截至目前,关于如何预测、测量甚至定义决策难度还没有形成统一的认识。但正如 Hastie(2001)所指出,定义和测量决策难度首先应当取决于选择集与决策者认知能力的关系,其次是依靠决策者的主观评价。以往较多探讨决策难度的研究也都将着眼点放在任务所需要的信息加工难度上,包括决策任务复杂性(Dane et al.,2007)、任务线索不确定性(Viola et al.,2015)、任务呈现清晰与否(Novemsky et al.,2007)等等。研究发现,决策任务难度影响认知努力(cognitive effort),难度增加时,决策者认知努力也会提高(Viola et al.,2015)。可见,任务难易度特征与决策者认知投入有关,困难任务需要决策者投入更多的认知努力,会消耗其更多的认知资源。鉴于以往研究对决策任务难度的主观评价关注较少,为考察决策者感知任务难易度特征,本研究在决策任务的设计上将从认知投入的角度对难易度特征进行操纵,同时兼顾决策者的主观评价,在决策任务完成后获得其主观评定。

研究发现,思维方式可以在指导语中以"公告"的形式来操纵,启发式思维组被试被告知"研究已经发现,最好的决策产生于启发式思维",并被要求利用"直觉"和整体感觉来进行决策;分析式思维组被试被告知"遵循逻辑和仔细思考才能导致最好的决策",并被要求依照逻辑仔细分析他们的选择(Usher et al.,2011)。同时,时间限制能促使被试采用更多的启发式思维(Zakay et al.,1984;Rieskamp et al.,2008)。为保证思维方式操纵更为有效,除了以指导语要求,伴以时间限制外,还可以在决策任务完成后利用被试的主观回溯报告进行事后检验(李虹 等,2013;Vries et al.,2008)。由于本研究需要操纵任务难度自变量,而时间限制会影响被试对决策任务难度的感知(Haynes,2009),为防止自变量的混淆,本研究采用决策任务完成前的指导语伴以任务完成事后检验的方式操纵被试的策略使用。

已有研究表明,不同情绪状态个体偏好不同决策策略,愉悦情绪状态个体偏好启发式策略,悲伤情绪状态个体偏好分析式策略,当状态性情绪与决策策略相匹配时,个体对决策结果有更高的主观评价(De Vries et al.,2008;Sayegh et al.,2004)。因此,接下来的实验室实验中,被试的状态性情绪将作为无关变量进行控制。

二、方法

(一) 预备实验 1

目的:确定正式实验中决策任务。为使决策任务的难易度自变量有效,同时还要防止与重要性自变量发生混淆,决策任务应当在难易度维度上差异显著,在重要性维度上无差异。

指导语:各位同学好!我们是学院教学办的老师,学院最近正在进行培养方案的修订,现需要同学们的配合完成前期的调研工作。各位需要在下列课程中选择出 2 门课程,每门课程学分、学时和考核方式都相同。学院将根据不同课程的选择人数为参考,重新修订培养方案中的课程设置,而修订后的培养方案将会在下一届入学的大学生中施行。

本研究拟采用选择集大小来操纵选择任务的难易度,为控制选择任务的熟悉度,选择集中的所有课程在该校之前均未开设过。容易任务(任务 1)为 3 选 2 任务,选择集包含 3 门课程,分别是大学人文、大学生社会调查和科学思维;困难任务(任务 2)为 10 选 2 任务,选择集包含 10 门课程,分别是大学人文、人文素质修养、哲学修养、大学生社会调查、社会研究、人类文明史、文史哲与人生、科学思维、自然科学史和生命与人。

召集 76 名大一新生首先完成课程选择任务,之后对其完成的选择任务进行难易度和重要性的 7 点评分。实验采用纸笔测验的形式,其中一半被试完成任务 1 评定,另一半被试完成任务 2 评定。结果表明:两种任务难易度评分差异显著,$M_1=2.79, SD_1=1.26, M_2=4.84, SD_2=1.18, t(74)=7.360, p<0.01$;重要性差异不显著,$t(74)=0.661, p>0.05$,且容易任务和困难任务重要性评分均值和标准差分别为 $M_1=2.87, SD_1=1.04$ 和 $M_2=2.71, SD_2=1.03$。

（二）预备实验 2

目的：确定正式实验中采用启发式策略完成两种不同难易度决策任务的参考时间。由于本研究在正式实验中无法采用时间限制来操纵策略使用，但要挑选出采用启发式策略的被试，除采用指导语要求以及事后自我报告外，完成决策任务的时间又是一个必需的客观指标，因此，本预备实验就需要确定采用启发式策略完成两种难度的选择任务所消耗时间的临界值。

实验任务采用 E-Prime 软件编程，由被试在电脑上完成。首先，召集 40 名被试分别完成预备实验 1 的容易决策任务和困难决策任务，其中一半被试完成容易任务，另一半被试完成困难任务。在指导语中明确要求不需要仔细思考，根据第一反应做选择。其次，分别剔除两种决策任务下反应时的极端值，剔除方式为 ±2.5 个标准差之外的数据，再对保留数据取平均值 T_1 和 T_2。最后获得容易任务完成反应时 $T_1 = 1240$ ms，困难任务完成反应时 $T_2 = 2350$ ms。

T_1 和 T_2 即为运用启发式策略完成容易任务和困难任务的临界值，在即将进行的正式实验中，它们将作为判断被试策略使用的一个考量指标。

（三）研究对象

来自安徽某高校的大一本科生共 200 名参加实验，其中男生 82 名，女生 118 名，年龄范围为 18～20 岁。所有被试此前未参加过类似实验，且不知本实验的真实目的。实验结束后给予每位被试一份小礼物作为报酬。

（四）实验设计

本研究采用 2（难易度：难/易）×2（决策策略：启发式/分析式）被试间实验设计，被试分为 4 组，每组 50 人，分别接受不同的实验处理。因变量是被试选择后满意度，控制变量是完成课程选择任务过程中的情绪。

（五）实验程序和材料

被试以随机的方式被分配到各实验处理中，每个实验处理都是在机房通过集体施测完成。待被试到达机房坐定后，主试简单告知被试各学院正在进行培养方案的修订，需要对原有的课程设置进行调整，要求被试仔细阅读指导语并严格按照指导语的要求完成与课程选择有关的一系列任务。之后，被试按照下述材料呈现顺序在电脑上完成测量。

总指导语：各位同学好！我们是学院教学办的老师，学院最近正在进行培养方案的修订，现需要同学们的配合完成前期的调研工作。各位需要在下列课程中选择出 2 门课程，每门课程学分、学时和考核方式都相同。学院将根据不同课程的选择人数为参考，重新修订培养方案中的课程设置，而修订后的培养方案将会在下一届入学的大学生中施行。

针对启发式策略组指导语:研究已经发现,最好的决策产生于启发式思维,请根据进入你脑海的第一反应做选择,不需要仔细思考。

针对分析式策略组指导语:按照现有的课程设置,我院培养的学生存在实践性不足、创新性缺乏和人文素养匮乏三方面的问题。研究已经发现,最好的决策产生于分析式思维,请你从如何改善这三方面问题的角度出发仔细思考,比较选项中的哪些课程的开设能够有针对性的改善存在问题,然后做出选择。

任务难易度:预备实验1获得的容易任务(3选2)和困难任务(10选2)。

任务难易度事后检验:请你根据自己的主观感受,对刚才所完成的课程选择任务做难易度7级评分,由1到7分别代表"非常简单"到"非常困难"。

任务重要性事后检验:请你根据自己的主观感受,对刚才所完成的课程选择任务做重要性7级评分,由1到7分别代表"完全不重要"到"非常重要"。

启发式策略组事后检验:刚才的课程选择任务你是根据进入脑海的第一反应做的选择吗?分析式策略组事后检验:刚才的课程选择任务你是经过仔细思考后才做的选择吗?

决策后满意度测量:你对你刚才所做的课程选择在多大程度上感到满意?采用7级评分,由1到7分分别代表"非常不满意"到"非常满意"。

情绪评定:采用积极和消极情绪量表(PANAS),由 Watson 等人(1988)编制,邱林、郑雪、王雁飞修订(2008),评定被试在完成选择任务后的情绪状态。本研究剔除了部分词意重复的形容词,最终确定10个情绪形容词,包括5个积极情绪形容词(高兴、快乐、兴奋、欣喜、愉快)和5个消极情绪形容词(悲伤、愤怒、害怕、紧张、难过)。采用5点计分法,分数越高表示情绪状态越明显。(见附录五)

以上所有材料均采用 E-Prime 软件编程,被试操作鼠标,逐一完成每一个实验任务。

(六)数据预处理

首先,删除4个实验处理中策略检验为否定回答的被试,共计3人,同时删除运用启发式策略完成课程选择容易和困难任务反应时分别超过 T_1 和 T_2 的被试,共7人;其次,删除每个实验处理中感知任务难易度与实验操纵不符的被试,共计38人,其中困难任务为21人(删除标准为难易度评分≤4),容易任务为17人(删除标准为难易度评分≥4);最后,删除每个实验处理中感知任务重要性与实验操纵不符的被试,共计25人(删除标准为重要性评分为±1.5个标准差之外的被试),删除后剩余有效被试为127人。

三、结果

(一) 任务难易度与重要性操纵效果检验

对实验操纵两种任务下被试的任务难易度评分进行独立样本 t 检验,结果为 $M_{难}=5.31, SD_{难}=0.50, M_{易}=2.15, SD_{易}=0.84, t(125)=25.35, p<0.01$;再比较两种难度任务下被试的任务重要性评分,在实验操纵任务为容易情况下,被试重要性评分为 $M=3.18, SD=0.72$,在实验操纵任务为困难情况下,被试重要性评分为 $M=3.21, SD=0.73$,独立样本 t 检验结果为 $t(125)=0.24, p>0.05$。这说明,实验任务对于数据预处理后的保留被试是有效的。

(二) 感知任务难易度与策略对决策后满意度的影响

不同实验条件下被试的决策后满意度均值及标准差见表 3.5 和图 3.4。

表3.5 不同感知难度条件下两种策略的决策效果

实验条件	启发式策略		分析式策略	
	M	SD	M	SD
容易	4.69	1.53	5.48	1.44
困难	5.33	1.09	3.97	1.17

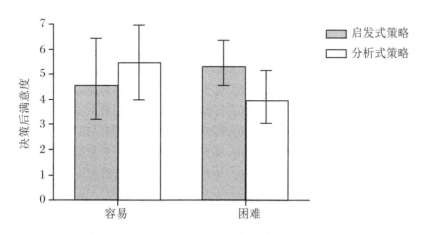

图 3.4 感知任务难易度与决策策略交互作用结果

以感知任务难易度和决策策略为自变量,以决策后满意度为因变量对 127 个被试的数据进行完全随机方差分析,结果表明:感知任务难度的主效应不显著,$F(1,123)=3.38, p>0.05$;决策策略的主效应不显著,$F(1,123)=1.44, p>0.05$;感知任务难度与决策策略的交互效应显著,$F(1,123)=21.00$,$p<0.01$,$\eta^2=0.15$。

进一步的简单效应分析表明:在感知任务为容易的情况下,采用启发式策略的被试决策后满意度低于采用分析式策略的被试,$F(1,64)=4.74$,$p<0.05$,$\eta^2=0.07$;在感知任务为困难的情况下,采用启发式策略的被试决策后满意度却高于采用分析式策略的被试,$F(1,59)=22.18$,$p<0.01$,$\eta^2=0.27$。

(三) 感知任务难易度与策略对情绪的影响

以感知任务难易度和决策策略为自变量,以课程选择过程中的积极情绪及消极情绪为因变量,对127个被试的数据进行完全随机方差分析,结果表明:从积极情绪来看,感知任务难度的主效应不显著,$F(1,123)=0.97$,$p>0.05$,决策策略的主效应不显著,$F(1,123)=2.57$,$p>0.05$,感知任务难度与决策策略的交互效应不显著,$F(1,123)=2.38$,$p>0.05$;在消极情绪上,感知任务难度的主效应不显著,$F(1,123)=1.82$,$p>0.05$,决策策略的主效应不显著,$F(1,123)=3.36$,$p>0.05$,感知任务难度与决策策略的交互效应不显著,$F(1,123)=0.01$,$p>0.05$。

(四) 讨论

决策者决策过程中的思维方式与决策任务特征是否相容才是影响决策质量的关键(Ayal et al.,2015),本研究揭示了决策任务特征与决策策略的相容性。实验结果发现决策者感知任务难易度与决策策略之间存在匹配效应,感知任务困难与启发式策略、感知任务容易与分析式策略分别形成了匹配,与不匹配相比,匹配条件下的个体对决策结果的满意度更高。

以往关于决策策略有效性的探讨已经证明,启发式和分析式决策策略存在各自的适用性,决策任务的结构、内容及呈现方式等方面的不同都会影响到决策策略的有效性(Acker,2008;Dane et al.,2007;Payne et al.,2012)。但这些研究结果对于指导人们的实践生活操作性较差,对于普通人来说,日常生活中的决策任务很难被从结构、内容及呈现方式等方面进行解析,进而选择有效的策略。从任务复杂性视角探讨与决策策略的相容性相对而言更具有操作性,但从以往研究来看,研究者们均忽视了决策任务主观性的特点,实验操纵的决策任务复杂与否是基于研究者的主观认知,并非基于被试的感知。这也是大量的相似研究却呈现不一致结果的原因所在。

在创造性地提出感知任务特征这一概念并提取其两个维度的基础上,本研究检验了难易度维度与决策策略的相容性。与以往研究相比,本研究首先通过预备实验确定了决策任务难易度变量的两个水平,并在正式实验中进一步根据被试的主观评价,删除与实验操纵不符的被试,保留与实验操纵相符的被试。在这一过程中,任务难度两个水平上都出现了较多感知特征与变量操作不符的被试,可见被试之间感知上的差异。在策略使用变量的操作上,本研究在指导语中采用公告的形式,并在任务完成后要求被试对实际采用的策略进行了回溯报告,此外,还通过完成决策任务的时间检验对该变量进行了控制,变量操纵更为严格。

如果任务复杂性与感知任务难易度存在正相关的话,本研究结果支持无意识思维理论。即在复杂任务中(感知任务困难),启发式策略更有优势,而针对简单任务(感知任务容易),分析式策略则会导致更高的决策后评价(Mikels et al.,2011;Usher et al.,2011)。

本研究还发现,更为积极的结果评价与决策过程中的积极情绪和消极情绪无关,这与已有研究结果一致(Higgins et al.,2003;Wang et al.,2016;王怀勇,2011)。说明决策后满意度的提高仅仅是感知任务难易度与策略匹配的结果,不会受决策过程中个体的积情绪极和消极情绪的影响。

五、结论

决策者感知任务难易度与决策策略存在匹配效应,在决策者感知任务困难的情况下,采用启发式策略的决策后满意度高于采用分析式策略;在决策者感知任务容易的情况下,采用启发式策略的决策后满意度低于采用分析式策略。决策过程中的积极情绪和消极情绪对决策后满意度评价没有影响。

第四节　感知任务重要性与策略匹配对决策后评价的影响

一、引言

在以往研究中并未发现针对决策重要性的探讨,但存在一些与决策重要性相关的概念和研究结果。动机强度理论(motivational intensity theory)认为除了任务难度之外,结果相关性是决定认知努力的另一个重要因素。该理论把结果相关性定义为任务成功对于个体的重要性,结果对于个体越重要,其投入的认知努力就会越多。结果相关性受个体现有状态、任务结果所带来的奖励以及任务结果招致的惩罚影响(Viola et al.,2015)。由此可见,决策结果直接影响决策者感知决策任务的重要性,决策结果与决策者的相关性越高,决策者对任务的感知就会越重要。同时,根据动机强度理论可推导,感知越重要的任务,决策者越倾向于采用分析式策略。Polman(2012)的研究中,考察了为自己决策和为他人代理决策对个体调节定向的影响,发现为自己决策诱发被试的预防定向,为他人决策诱发被试的促进定向。这个结果可以被归因为两种决策结果对个体影响不同,被试对决策任务重要性的感知不同。

因此,本研究中重要性变量拟采用结果相关性来操纵,用为自己决策和为不相干他人决策来分别代表重要水平和不重要水平。

二、方法

(一)预备实验1

目的:确定正式实验中决策任务。为使决策任务的重要性自变量有效,同时防止与难易度自变量发生混淆,决策任务应当在重要性维度上差异显著,在难易度维度上无差异。

总指导语:各位同学好!我们是学院教学办的老师,学院最近正在进行培养方案的修订,现需要同学们的配合完成前期的调研工作。各位需要在下列5门课程中选择出2门课程,每门课程学分、学时和考核方式都相同。

本研究中任务重要性变量拟采用指导语来操纵,其中不重要任务(任务1)的指导语在总指导语基础上增加如下内容:学院将根据不同课程的选择人数为参考,重新修订培养方案中的课程设置,修订后的培养方案将会在下一届入学的学生中施行。

重要任务(任务2)的指导语在总指导语基础上增加如下内容:学院将根据你们对课程的选择,确定你们本学期即将开设的选修课。

召集70名被试首先完成课程选择任务,之后对其完成的选择任务进行难易度和重要性的7点评分。实验采用纸笔测验的形式,其中一半被试完成任务1评定,另一半被试完成任务2评定。结果表明:两种任务重要性评分差异显著,$M_1 = 2.94, SD_1 = 1.03, M_2 = 4.69, SD_2 = 1.23, t(68) = 6.43, p < 0.01$;难易度评分差异不显著,$t(68) = 0.21, p > 0.05$,不重要任务与重要任务难易度评分均值和标准差分别为 $M_1 = 3.69, SD_1 = 1.16$ 和 $M_2 = 3.74, SD_2 = 1.15$。

(二)预备实验2

目的:确定正式实验中采用启发式策略完成两种不同重要性决策任务的参考时间。具体原因同本章第三节的预备实验2。

实验任务采用 E-Prime 软件编程,由被试在电脑上完成。首先,召集40名被试完成预备实验1所获得的任务1和任务2,其中一半被试完成任务1,另一半被试完成任务2。在指导语中明确要求被试不需要仔细思考,根据第一反应做出选择。其次,分别剔除两种决策任务下反应时的极端值,剔除方式为 ±2.5 个标准差之外的数据,再对保留数据取平均值 T_3 和 T_4。最后获得不重要任务完成反应时 $T_3 = 1478$ ms,重要任务完成反应时 $T_4 = 2785$ ms。T_3 和 T_4 即为运用启发式策略完成不重要任务和重要任务的临界值,在即将进行的正式实验中,它们将作为判断被试策略使用的一个考量指标。

(三) 研究对象

来自安徽某高校的大一本科生共 200 名参加实验,其中男生 76 名,女生 124 名,年龄范围为 18～20 岁。所有被试此前未参加过类似实验,且不知本实验的真实目的。被试均为自愿参加实验,实验结束后给予每位被试一份小礼物作为报酬。

(四) 实验设计

本研究采用 2(重要性:不重要/重要)×2(决策策略:启发式/分析式)被试间实验设计,被试分为 4 组,每组 50 人,分别接受不同的实验处理。因变量是被试选择后满意度,控制变量是完成课程选择任务过程中的情绪。

(五) 实验材料及程序

被试以随机的方式被分配到各实验处理中,每个实验处理都是在机房通过集体施测完成。待被试到达机房坐定后,主试简单告知被试学院正在进行培养方案的修订,需要对原有的课程设置进行调整,要求被试仔细阅读指导语并严格按照指导语的要求完成与课程选择有关的一系列任务。之后,被试按照下述材料呈现顺序在电脑上完成测量。

总指导语:各位同学好!我们是学院教学办的老师,学院最近正在进行培养方案的修订,现需要同学们的配合完成前期的调研工作。各位需要在下列 5 门课程中选择出 2 门,每门课程学分、学时和考核方式都相同。

针对不重要 + 启发式策略组指导语:学院将根据不同课程的选择人数为参考,重新修订培养方案中的课程设置,修订后的培养方案将会在下一届入学的学生中施行。研究已经发现,最好的决策产生于启发式思维,请根据你的第一反应做选择,不需要仔细思考。

针对不重要 + 分析式策略组指导语:学院将根据不同课程的选择人数为参考,重新修订培养方案中的课程设置,修订后的培养方案将会在下一届入学的学生中施行。按照现有的课程设置,我院培养的学生存在实践性不足、创新性缺乏和人文素养匮乏三方面的问题。研究已经发现,最好的决策产生于分析式思维,请你从如何改善这三方面问题的角度出发仔细思考,比较选项中哪些课程的开设能够有针对性地改善存在问题,然后做出选择。

针对重要 + 启发式策略组指导语:学院将根据你们对课程的选择,确定你们本学期即将开设的选修课。研究已经发现,最好的决策产生于启发式思维,请根据你的第一反应做选择,不需要仔细思考。

针对重要 + 分析式策略组指导语:学院将根据你们对课程的选择,确定你们本学期即将开设的选修课。按照现有的课程设置,我院培养的学生存在实践性不足、创新性缺乏和人文素养匮乏三方面的问题。研究已经发现,最好的决策产生于分析式思维,请你从如何改善这三方面问题的角度出发仔细思考,比较选项中的哪些课程的开设能够有针对性的改善存在问题,然后做出选择。

任务重要性:预备实验 1 获得的重要任务和不重要任务。

任务难易度事后检验:同本章第三节。

任务重要性事后检验:同本章第三节。

策略使用事后检验:同本章第三节。

决策后满意度测量:同本章第三节。

情绪评定:同本章第三节。

以上所有材料均采用 E-Prime 软件编程,由被试操作鼠标,逐一完成每一个实验任务。

（六）数据预处理

首先删除 4 个实验处理中策略检验为否定回答的被试,共计 5 人,同时删除运用启发式策略完成课程选择不重要和重要任务反应时分别超过 T_3 和 T_4 的被试,共 9 人；其次删除每个实验处理中感知任务重要性与实验操纵不符的被试,共计 30 人,其中不重要任务为 17 人（删除标准为重要性评分 ≥ 4）,重要任务为 13 人（删除标准为重要性评分 ≤ 4）；最后删除每个实验处理中感知任务难易度与实验操纵不符的被试,共计 16 人（删除标准为难易度评分 ± 1.5 个标准差之外的被试）,删除后剩余有效被试为 140 人。

三、结果

（一）任务重要性与难易度操纵效果检验

对实验操纵两种任务下被试的任务重要性评分进行独立样本 t 检验,结果为 $M_{重要} = 5.55, SD_{重要} = 0.71, M_{不重要} = 2.12, SD_{不重要} = 0.81, t(138) = 26.567, p < 0.01$；再比较两种重要性任务下被试的任务难易度评分,在实验操纵任务为不重要情况下,被试难易度评分为 $M = 3.38, SD = 0.60$,在实验操纵任务为重要情况下,被试难易度评分为 $M = 3.41, SD = 0.55$,独立样本 t 检验结果为 $t(138) = 0.33, p > 0.05$。这说明,实验任务对于数据预处理后的保留被试是有效的。

（二）感知任务重要性与策略对决策后满意度的影响

不同实验条件下被试的决策后满意度均值及标准差见表 3.6 和图 3.5 所示。

表 3.6　不同感知重要性条件下两种策略的决策效果

实验条件	启发式策略		分析式策略	
	M	SD	M	SD
不重要	4.59	1.42	3.41	1.34
重要	3.41	1.31	4.35	1.42

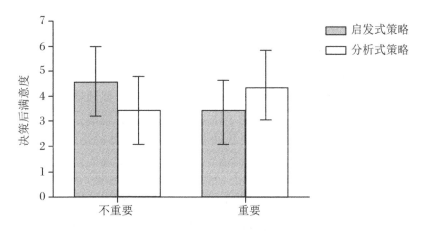

图 3.5　感知任务重要性与决策策略交互作用结果

以感知任务重要性和决策策略为自变量,把感知任务难易度作为协变量,以决策后满意度为因变量对 140 个被试的数据进行完全随机方差分析,结果表明:感知任务重要性的主效应不显著,$F(1,135)=0.31$,$p>0.05$;决策策略的主效应不显著,$F(1,135)=0.30$,$p>0.05$;感知任务重要性与决策策略的交互效应显著 $F(1,135)=20.71$,$p<0.01$,$\eta^2=0.13$。进一步的简单效应分析表明:在感知任务为不重要的情况下,采用启发式策略的被试决策后满意度高于采用分析式策略的被试,$F(1,67)=12.62$,$p<0.05$,$\eta^2=0.16$;在感知任务为重要的情况下,采用启发式策略的被试决策后满意度却低于采用分析式策略的被试,$F(1,69)=8.39$,$p<0.05$,$\eta^2=0.11$。

(三) 感知任务重要性与策略对情绪的影响

以感知任务重要性和决策策略为自变量,以课程选择过程中的积极情绪及消极情绪为因变量,对 140 个被试的数据进行完全随机方差分析,结果表明:从积极情绪来看,感知任务重要性的主效应不显著,$F(1,136)=0.47$,$p>0.05$,决策策略的主效应不显著,$F(1,136)=2.15$,$p>0.05$,感知任务重要性与决策策略的交互效应不显著,$F(1,136)=0.04$,$p>0.05$;在消极情绪上,感知任务重要性的主效应不显著,$F(1,136)=0.04$,$p>0.05$,决策策略的主效应不显著,$F(1,136)=0.38$,$p>0.05$,感知任务重要性与决策策略的交互效应不显著,$F(1,136)=0.29$,

$p>0.05$。

四、讨论

本研究发现,决策者感知任务的难易度和重要性特征分别与不同决策策略相搭配会影响决策后满意度,即感知任务特征与启发式-分析式决策策略存在匹配效应,该效应可以用调节定向理论以及调节匹配理论来解释,具体如下:

调节定向理论认为个体调节定向包括特质性和情境性两种类型,特质性调节定向属于稳定的人格特质,与父母教养目标的侧重点及个体实现理想和应该目标时的主观成败经验有关(Higgins,1997),而情境性调节定向能够被特定的情境和任务临时诱发和启动。强调结果中的收益诱发促进定向,强调结果中的损失诱发预防定向(Idson et al.,2004)。强调个体的独特性与差异性的情境能够激活独立型自我构建,进而提高人们对理想自我的注意,启动了个体的促进定向;而强调人际和谐或者对他人负责的情境则激活依存型自我建构,提高人们对应该自我的注意,启动了个体的预防定向(Lee et al.,2000)。积极刻板印象(如女性都擅长言语任务)能够激发被试对潜在积极结果的关注而启动促进定向,而消极刻板印象(如女性都不擅长数学任务)能激发人们对潜在消极结果的关注而启动预防定向(Seibt et al.,2004)。

特定情境诱发的不同情境性调节定向个体在决策过程中会表现出不同的策略偏好。例如,情境诱发促进定向的消费者倾向于采用启发式策略,简化选项评估过程,而情境诱发预防定向的消费者倾向于采用系统性策略评估选项(Wan et al.,2009)。两种消费者在搜索商品时采用的策略也不同,促进定向个体倾向于采用整体策略,预防定向个体偏好局部策略(Pham et al.,2010)。在决策过程中,情境诱发促进定向决策者倾向于采用探索性加工方式,追求速度;预防定向的决策者倾向于使用谨慎的加工方式,强调准确(Pham et al.,2004;姚琦 等,2009)。情境诱发促进定向个体倾向于采用基于属性的信息搜索模式(启发式策略),预防定向个体却倾向于采用基于选项的信息搜索模式(分析式策略)(王怀勇,2011)。

当不同调节定向决策者运用自身偏好的决策策略时,调节匹配就达成了。根据调节匹配理论,在调节匹配状态下,决策者对决策结果的评价更为积极,决策后满意度更高(Otto et al.,2010;Wang et al.,2016)。

本研究中,感知任务特征(难易度和重要性)诱发了决策者的情境性调节定向,这种诱发可能是由于激活了决策者不同类型的自我构建,也可能是激发了决策者对不同性质(积极或消极)结果抑或是决策结果不同方面(收益或损失)的关注。既然不同情境性调节定向决策者对启发式和分析式策略有不同偏好,当决策者被诱发的状态性调节定向与自身所运用的实际决策策略相互匹配时,调节匹配就产生了。根据调节匹配理论,决策者调节定向与行为策略的匹配所引发的价值增值会提高决策后评价。这种价值增值在本研究中表现为感知任务特征与策略的匹配导致了更高的决策后满意度。据此,笔者认为本研究所发现的感知任务特征与策略的匹配效应其根源仍然是调节匹配效应。

具体从感知任务难易度维度来看,感知决策任务困难诱发了被试的促进定向。由于促进定向个体偏好热切策略,强调速度,目标追求关注收益,与启发式策略形成调节匹配。感知决策任务容易诱发了被试的预防定向,该定向个体偏好警惕策略,强调准确性,目标追求关注损失,与分析式策略形成调节匹配。因此,匹配条件下(感知任务困难+启发式策略,感知任务容易+分析式策略)被试的决策后满意度高于不匹配条件(感知任务困难+分析式策略,感知任务容易+启发式策略)。再从感知任务重要性维度来看,感知决策任务重要诱发了被试的预防定向,与分析式策略形成调节匹配。感知决策任务不重要诱发了被试的促进定向,与启发式策略形成调节匹配。因此,该维度有两个匹配条件:一是感知任务重要且采用分析式策略,二是感知任务不重要且采用启发式策略。

本研究发现了决策者感知任务特征与决策策略的调节匹配效应,并将这一结果解释为感知任务特征是个体调节定向的一个前因变量,感知任务特征诱发了决策者的状态性调节定向,并与对应的决策策略形成匹配从而提高主观决策质量。然而,这一解释只是基于对现有结果的假设,感知任务特征是否真的能够启动状态性调节定向还需要进一步的直接证据支撑。

此外,本研究所发现的匹配效应其形成的机制是什么?根据调节匹配理论的解释,调节匹配本身引发了额外的价值产生,这部分额外价值转移到决策者对结果的评价上从而导致调节匹配效应。鉴于以往研究对额外价值的本质的探讨并没有形成共识,而本研究所发现的匹配效应如果确定是调节匹配效应的一种衍生现象,其形成机制就应当与调节匹配效应一致。因此,在下一章的研究中,在确定感知任务特征是否为调节定向的前因变量基础之上,有必要探索本研究所发现匹配效应的形成机制,同时也是对以往关于调节匹配效应机制的检验。

五、结论

决策者感知任务重要性与决策策略存在匹配效应,在决策者感知任务为重要情况下,采用启发式策略的决策后满意度低于采用分析式策略;在决策者感知任务不重要情况下,采用启发式策略的决策后满意度高于采用分析式策略。决策过程中的积极情绪和消极情绪对决策后满意度没有影响。

第四章　感知任务特征与策略匹配效应的成因及机制

调节定向研究从理论到实证逻辑通畅,研究内容较为丰富,涉及调节定向的影响因素、中介以及调节变量和结果变量。已有研究虽然提出了一些影响个体调节定向的因素,但由于研究者的研究焦点集中在调节匹配效应上,对调节定向的前因变量的关注度不够(尹非凡 等,2013)。

已有研究发现与任务有关的前因变量包括:任务框架可启动个体的情境性调节定向,强调有无收益的框架启动了促进定向,强调有无损失的框架启动了预防定向(Crowe et al.,1997;Idson et al.,2004;Lee et al.,2004);决策任务的时间远近会启动不同的调节定向,较近的决策任务启动预防定向,较远的决策任务启动促进定向(Mogilner et al.,2008);为自己和他人做决策能够诱发个体不同的调节定向,为自己决策启动预防定向,而为他人决策启动促进定向(Polman,2012);老鼠走迷宫任务,任务要求如果是帮助在迷宫入口处的小老鼠尽快走出迷宫,从而吃到在迷宫出口处的美味奶酪会诱发个体促进定向,而任务要求如果是帮助在迷宫入口处的小老鼠尽快走出迷宫以避免被猫头鹰吃掉则启动个体预防定向(段锦云 等,2013;耿晓伟 等,2017;Gino et al.,2011;王怀勇 等,2014);要求被试填写完成不完整的词汇任务,涉及期待和愿望的词汇任务能够启动促进定向,涉及责任和义务的词汇任务则启动预防定向(Lee et al.,2010)。

不同调节定向个体在期望目标的状态、满足需要的类型、关注结果的类型存在显著差异,促进定向的个体追求"理想自我"目标,目标追求与满足成长需要相关,更关注积极结果,而预防定向个体追求"应该自我"目标,目标追求与满足安全需要相关,更关注消极结果(Higgins,1997;林晖芸 等,2007;王怀勇,2011;姚琦 等,2009)。因此,当决策任务中存在"促进"和"预防"两个选项时,促进定向个体倾向于选择"促进"选项,而预防定向个体倾向于选择"预防"选项。

根据第三章研究结果,决策者感知任务为困难和不重要与启发式策略形成匹配,而决策者感知任务为容易及重要与分析式策略形成匹配。假设其形成原因是:决策者对任务特征的主观感知是个体情境性调节定向的前因变量,不同感知任务特征诱发了个体不同的情境性调节定向。根据调节匹配理论,不同调节定向个体偏好不同的行为策略,当不同情境性调节定向个体恰好按实验要求采用了与其偏好相同的策略时,匹配就发生了。

如果感知任务特征的确是个体情境性调节定向的前因变量,由于不同调节定向个体的选择偏好,那么不同感知任务特征的个体完成包含"促进"和"预防"两选项的决策任务时,一定也会表现出不同的选择偏好。可以推测,感知任务为困难及不重要的个体选择"促进"选项的数量一定是多于"预防"选项,而感知任务容易及重要的个体选择"预防"选项的数量一定是多于"促进"选项。如果感知任务特征是决策者情境性调节定向的前因变量这一推测被证实,则感知任务特征与决策策略的匹配效应就是调节匹配效应的一种衍生现象,其形成机制与后者一致。关于调节匹配效应的机制,其争论的焦点在于匹配为何能够导致价值增值。或者说,匹配所产生的额外价值来源于哪里。从已有研究结果来看,对这一问题的探讨集中于对调节匹配效应中介变量的争论。

正确感(feeling right)是个体在决策过程中运用支持其调节定向的策略时的一种主观体验,这种正确感使他们对其正从事的事情"感觉正确"。较早的研究都把正确感作为主要的中介变量来解释调节匹配效应(Avnet et al.,2003;Camacho et al.,2003;Cesario et al.,2004)。随后的研究中,正确感体验逐渐被描述为投入强度(strength of engagement)的前因变量,认为当个体使用的策略支持他们的调节定向时产生的正确感体验引发了个体持续注意(投入强度)的增强(Avnet et al.,2006;Higgins,2006a)。甚至有研究在理解调节匹配产生的价值时,投入强度被赋予了和正确感同等重要的作用(Higgins,2006b)。

随着研究的推进,相关研究者并未对正确感的中介作用机制进行明确论述(Higgins et al.,2009;Pham et al.,2009),转而直接采用投入强度来解释匹配产生的价值(Ashraf et al.,2016;Higgins et al.,2008;Higgins et al.,2010;Sehnert et al.,2014)。由于投入强度与任务的真实性程度有关,个体认为任务越真实,投入资源就越多,投入强度也就越高(Higgins et al.,2013),以往研究中投入强度往往通过被试报告的方式测量,根据被试对所完成任务的真实性程度的报告,真实性程度越高代表投入强度越强(Sehnert et al.,2014)。

另有部分研究把加工流畅性(processing fluency)作为中介变量来解释调节匹配效应,认为当个体所运用的行为策略与调节定向匹配会致使其信息加工更为流畅,进而产生了额外价值(Labroo et al.,2006;Lee et al.,2004)。但是在这其中也出现几种不同的观点,一种观点将加工流畅性表述为投入强度上升带来的现象,投入强度是加工流畅性的前因变量(Cesario et al.,2008),另一种观点却认为投入强度和加工流畅效应都起到了部分中介的作用,两者是平行的关系(Lee et al.,2010),也有研究认为加工流畅性可能会影响投入强度(Vaughn et al.,2010)。国内学者也试图考察调节匹配的机制,发现加工流畅性对调节匹配起到部分中介的作用,正确感体验起完全中介的作用,并据此认为正确感体验是调节匹配效应的内部机制(王怀勇,2011)。

本章研究将在第三章研究的基础上,更换决策任务,再次验证笔者所发现的感知任务特征与策略匹配效应的同时,探究感知任务特征是否是个体情境性调节定向的前因变量,并检验正确感、投入强度以及加工流畅性三个变量的中介作用,以探索感知任务特征与策略匹配效应即调节匹配效应的形成机制。

第一节　感知任务难易度与策略匹配效应的成因及机制

一、引言

第三章研究结果发现,匹配条件下(感知任务困难＋启发式策略,感知任务容易＋分析式策略)被试的决策后满意度高于不匹配条件(感知任务困难＋分析式策略,感知任务容易＋启发式策略)。假设这一匹配效应的形成原因是:感知决策任务容易诱发了被试情境性的预防定向,该定向个体偏好警惕策略,强调准确性,目标追求关注损失,从而与分析式决策策略形成调节匹配;感知决策任务困难诱发了被试情境性的促进定向,由于促进定向个体偏好热切策略,强调速度,目标追求关注收益,从而与启发式决策策略形成调节匹配。因此,当决策任务中存在"促进"和"预防"两个选项时,感知任务容易的个体倾向于选择"预防"选项,而感知任务困难的个体倾向于选择"促进"选项,即感知任务特征是决策者情境性调节定向的前因变量。

如果上述假设能够被证实,则感知任务难易度与策略的匹配效应就是调节匹配效应在操作层面上的延伸,其机制就是调节匹配的形成机制。我们假设这种调节匹配效应的机制是加工流畅性。

以下将对这两个假设进行验证,同时再次检验决策者感知任务特征的难易度维度与策略的匹配效应。

二、方法

(一)预备实验1

目的:确定正式实验中决策任务。为使决策任务的难易度自变量有效,同时还要防止与重要性自变量发生混淆,决策任务应当在难易度维度上差异显著,在重要性维度上无差异。

指导语:各位同学好! 我们是校团委的老师,为了筹备成立新的学生社团,我们正在进行前期的调研,需要各位配合完成社团选择任务。我们将根据大家的选择情况,最终确定成立哪两个新的社团,请各位从下列不同社团中选择出两个。

本研究拟采用选项相似性和选择集大小共同来操纵选择任务的难易度,容易任务(任务1)为3选2任务,且3个选项差异明显,社团涉及艺术表演、理论实践和体育3个不同的类别,具体为京剧协会、推理协会和极限运动协会。

困难任务(任务2)为5选2任务,且5个社团选项均属于科普类,选项间差异相对容易任务而言并不明显,具体包括航模协会、机器人协会、数学建模协会、计算机协会和科学技术协会。

召集60名大一学生作为被试首先完成社团选择任务,随后对其完成的选择任务进行难易度和重要性的7点评分。实验采用纸笔测验的形式,其中一半被试完成任务1评定,另一半被试完成任务2评定。结果表明:两种任务难易度评分差异显著,$M_1=2.80$,$SD_1=1.24$,$M_2=4.23$,$SD_2=1.07$,$t(58)=4.78$,$p<0.01$;重要性差异不显著,$t(58)=0.36$,$p>0.05$,且容易任务和困难任务重要性评分均值和标准差分别为$M_1=3.27$,$SD_1=1.51$和$M_2=3.40$,$SD_2=1.35$。

(二)预备实验2

目的:确定正式实验中启发式策略组决策任务的呈现时间。

首先,召集40名被试分别完成预备实验1所获得的任务1和任务2,其中一半被试完成任务1,另一半被试完成任务2。在指导语中明确要求被试不需要仔细思考,根据进入脑海的第一反应做选择。其次,分别剔除两种决策任务下反应时的极端值,剔除方式为±2.5个标准差之外的数据,再对保留数据取平均值T_1和T_2。最后获得容易任务完成反应时$T_1=1360$ ms,困难任务完成反应时$T_2=2564$ ms。T_1和T_2即为运用启发式策略完成容易任务和困难任务的临界值,在即将进行的正式实验中,它们将作为判断被试是否采用启发式策略的一个考量指标。

(三)研究对象

来自安徽某高校的大一本科生共200名参加实验,其中男生119名,女生81名,年龄范围为18~21岁。所有被试此前均未参加过类似实验,且不知本实验的真实目的。被试均为自愿参加实验,实验结束后给予每位被试一份小礼物作为报酬。

(四)实验设计

采用2(难易度:难/易)×2(决策策略:启发式/分析式)被试间实验设计,被试分为4组,每组50人,分别接受不同的实验处理。因变量是被试选择后满意度以及被试的情境性调节定向,控制变量是完成决策任务过程中的情绪。

(五)实验程序和材料

被试以随机的方式被分配到各实验处理中,每个实验处理都是在机房通过集体施测完成。待被试到达机房坐定后,主试简单告知被试校团委正在进行新社团成立前的调研,要在大一新生中进行摸底,要求被试仔细阅读指导语并严格按照指导语的要求完成与社团选择有关的一系列任务。之后,被试按照下述材料呈现顺序在电脑上完成测量。

总指导语:各位同学好!我们是校团委的老师,为了筹备成立新的学生社团,我们正在进行前期的调研,需要各位配合完成社团选择任务以及之后的相关选择任务。我们将根据大家对即将成立的新社团的选择情况,最终确定成立哪两个新的社团,请各位从下列不同社团中选择出两个。

针对启发式策略组指导语:研究已经发现,最好的决策产生于启发式思维,请根据第一反应完成社团选择任务,不需要仔细思考。

针对分析式策略组指导语:高校社团应当具备有助于大学生完善知识结构、拓宽知识面,培养实践技能以及提高综合素质三方面的功能。研究已经发现,最好的决策产生于分析式思维,请你从高校社团这三方面功能的角度出发仔细思考,比较选项中哪些社团的成立能够最大化的实现这三方面的功能,然后做出选择。

任务难易度:预备实验1所获得的容易任务(3选2任务)和困难任务(5选2任务)。

任务难易度事后检验:请你根据自己的主观感受,对刚才所完成的社团选择任务做难易度7级评分,由1到7分别代表"非常简单"到"非常困难"。

任务重要性事后检验:请你根据自己的主观感受,对刚才所完成的社团选择任务做重要性7级评分,由1到7分别代表"完全不重要"到"非常重要"。

启发式策略组事后检验:刚才的社团选择任务你是根据第一反应做的选择吗?
分析式策略组事后检验:刚才的社团选择任务你是经过仔细思考后才做的选择吗?

决策后满意度测量:你对你刚才所做的社团选择在多大程度上感到满意?采用7点量表的形式,1代表"非常不满意",7代表"非常满意"。

情境性调节定向测量:采用8个决策任务,内容涉及大学生日常生活(段锦云等,2013),具体包括:选择不同超市的不同面额的优惠券(距离远的面额大/距离近的面额小);餐馆食物选择(口味好的价格高/便宜的口味差);兼职选择(喜欢的工作但工资较少/不喜欢的工作但工资较高);出游方式选择(旅游公司安排线路但不是自己想去的景点/自己安排线路但是没有专业介绍);选专业的问题(喜欢的专业就业前景一般/不喜欢的专业就业前景很好);牙膏选择(可美白的但是无法坚固牙齿/保护牙齿的但是没有美白效果);服装选择问题(款式新颖但质量差/质量好的衣服但款式陈旧);租房的选择(交通便利但价格高/价格便宜但交通不便)。每个决策任务分别包含"促进"和"预防"两个相互对立的选项,促进定向个体倾向于选择"促进"选项,而预防定向个体倾向于选择"预防"选项。因此,根据被试选择"促进"选项和"预防"选项的数量可判断其情境性调节定向。

正确感体验测量:采用正确感体验问卷(Koenig et al.,2009;Lee et al.,2009;

王怀勇,2011),检验个体在信息加工过程中体验到正确感的程度。该问卷包含 1 个项目"当你在完成社团选择的过程中,你在多大程度上有正确感体验",采用 7 点量表的形式,1 代表"非常不正确",7 代表"非常正确"。

投入强度测量:模拟已有研究(Sehnert et al.,2014),要求被试报告他们所认为的社团选择任务的真实性程度,采用 7 点量表的形式,1 代表"一点也不真实",7 代表"非常真实",得分越高代表投入强度越强。

加工流畅性测量:采用已有研究常用的加工流畅性问卷(Labroo et al.,2006; Lee et al.,2010;王怀勇 等,2014)。该问卷包括 1 个项目"当你在做出这个选择时,你在多大程度上有困难体验",要求被试对其在信息加工过程中所体验到的难易程度进行评价。采用 7 点量表的形式,1 代表"非常困难",7 代表"非常容易",得分越高代表加工越流畅。

情绪评定:采用积极和消极情绪量表(PANAS),具体同第三章第三节。

以上所有材料均采用 E-Prime 软件编程,由被试操作鼠标,逐一完成每一个实验任务。

（六）数据预处理

首先删除 4 个实验处理中策略检验为否定回答的被试,共计 2 人,同时删除运用启发式策略完成社团选择容易和困难任务反应时分别超过 T_1 和 T_2 的被试,共 9 人;其次删除每个实验处理中感知任务难易度与实验操纵不符的被试,共计 36 人,其中困难任务为 16 人(删除标准为难易度评分≤4),容易任务为 20 人(删除标准为难易度评分≥4);最后删除每个实验处理中感知任务重要性与实验操纵不符的被试,共计 21 人(删除标准为重要性评分±1.5 个标准差之外的数据),删除后剩余有效被试为 132 人。

三、结果

（一）任务难易度与重要性操纵效果检验

对实验操纵两种任务下被试的任务难易度评分进行独立样本 t 检验,结果为 $M_{难}=5.47,SD_{难}=0.62,M_{易}=2.44,SD_{易}=0.72,t(130)=25.87,p<0.01$;再比较两种难度任务下被试的任务重要性评分,在实验操纵任务为容易情况下,被试重要性评分为 $M=2.93,SD=0.72$,在实验操纵任务为困难情况下,被试重要性评分为 $M=3.00,SD=0.84$,独立样本 t 检验结果为 $t(130)=0.54,p>0.05$。这说明,实验任务对于数据预处理后的保留被试是有效的。

（二）感知任务难易度与策略对决策后满意度的影响

不同实验条件下被试的决策后满意度均值及标准差见表 4.1 和图 4.1。

表 4.1　不同感知难度条件下两种策略的决策效果

实验条件	启发式策略		分析式策略	
	M	SD	M	SD
容易	4.39	1.35	5.31	1.26
困难	5.22	1.21	4.34	1.68

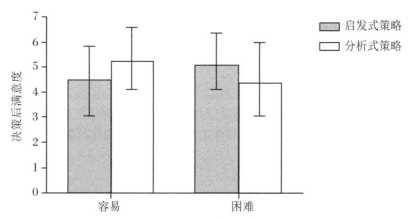

图 4.1　感知任务难易度与策略使用的交互作用结果

以感知任务难易度和决策策略为自变量,以决策后满意度为因变量,对 132 个被试的数据进行完全随机方差分析,结果表明:感知任务难度的主效应不显著,$F(1,128)=0.09, p>0.05$;决策策略的主效应不显著,$F(1,128)=0.01, p>0.05$;感知任务难度与决策策略的交互效应显著,$F(1,128)=13.93, p<0.01, \eta^2=0.10$。

进一步的简单效应分析表明,在感知任务为容易的情况下,采用启发式策略的被试决策后满意度低于采用分析式策略的被试,$F(1,66)=8.52, p<0.01, \eta^2=0.11$;在感知任务为困难的情况下,采用启发式策略的被试决策后满意度却高于采用分析式策略的被试,$F(1,62)=5.72, p<0.05, \eta^2=0.09$。

(三) 感知任务难易度与策略对情绪的影响

以感知任务难易度和决策策略为自变量,以社团选择过程中的积极情绪及消极情绪为因变量,对 132 个被试的数据进行完全随机方差分析,结果表明:从积极情绪来看,感知任务难度的主效应不显著,$F(1,128)=1.92, p>0.05$,决策策略的主效应不显著,$F(1,128)=3.67, p>0.05$,感知任务难度与决策策略的交互效应不显著,$F(1,128)=0.001, p>0.05$;在消极情绪上,感知任务难度的主效应不显著,$F(1,128)=2.43, p>0.05$,决策策略的主效应不显著,$F(1,128)=2.34, p>0.05$,感知任务难度与决策策略的交互效应不显著,$F(1,128)=0.002, p>0.05$。

结果说明,社团选择过程中的积极和消极情绪对决策后评价没有影响。

(四)感知任务难易度对情境性调节定向的诱发

为检验感知任务难易度的诱发效果,以感知任务难易度为自变量,以被试的情境性调节定向为因变量,卡方检验结果表明差异显著,说明感知任务难易度诱发了被试不同的情境性调节定向,具体见表4.2。感知任务容易诱发了被试的情境性预防定向,感知任务困难诱发了被试的情境性促进定向。

表4.2 不同感知难度条件下被试的情境性调节定向

	感知容易	感知困难
促进定向	231(42.46%)	316(61.72%)
预防定向	313(57.54%)	196(38.28%)
χ^2 检验	39.17**	

注:*表示 $p<0.05$,**表示 $p<0.01$,***表示 $p<0.001$,全书同。

(五)感知任务难易度与策略匹配效应的机制

为考察感知任务难易度与策略匹配效应的机制,首先根据研究需要将相关变量设定为虚拟变量(感知任务难易度与策略不匹配为0;感知任务难易度与策略匹配为1),然后分别对正确感、投入强度、加工流畅性、匹配和决策后满意度进行相关分析。结果表明,仅有匹配、加工流畅性和决策后满意度两两之间存在显著相关,具体见表4.3。

表4.3 匹配、加工流畅性和决策后满意度的相关分析

变量	匹配	加工流畅性	决策后满意度
匹配	1		
加工流畅性	0.35***	1	
决策后满意度	0.31***	0.36***	1

为检验加工流畅性在匹配和决策后满意度之间的中介作用,采用 Hayes(2015)开发的 PROCESS 程序中的模型4进行加工流畅性中介效应的回归分析,具体见表4.4。由于在加入加工流畅性之后,匹配对决策后满意度的直接预测作用仍然显著,因此,加工流畅性在匹配对决策后满意度的影响中起部分中介作用。

表 4.4 加工流畅性的中介效应检验

回归方程		整体拟合指数			回归系数显著性		
结果变量	预测变量	R	R^2	F	b	SE	t
加工流畅性	匹配	0.35	0.12	18.32	0.87	0.20	4.28***
决策后满意度	匹配	0.31	0.10	14.20	0.61	0.25	2.50*
	加工流畅性				0.33	0.10	3.31**

偏差校正的百分位 Bootstrap 方法检验表明，加工流畅性在匹配与决策后满意度之间的中介效应显著，95%的置信区间为[0.10,0.54]，不包含 0。此外，间接效应为 0.29，占总效应的 31.77%，具体见图 4.2。

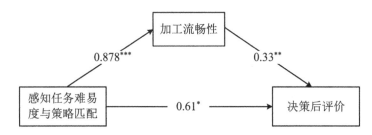

图 4.2 加工流畅性的部分中介效应

四、讨论

本实验再次验证了感知任务难易度维度与决策策略的匹配效应，感知任务困难与启发式策略、感知任务容易与分析式策略分别形成了匹配条件，与不匹配条件（感知任务困难＋分析式策略，感知任务容易＋启发式策略）相比，匹配条件下的个体对决策结果的满意度更高。并且，本实验也再次排除了决策过程中情绪的作用，更为积极的结果评价并非由决策过程中的积极情绪和消极情绪所引发。

同时，本实验还验证了决策者感知任务难易度是其情境性调节定向的前因变量的假设。综合调节定向理论和决策的双系统研究可知，感知决策任务容易诱发决策者的预防定向，该定向个体偏好警惕策略，强调准确性，目标追求关注损失，因此与分析式策略形成调节匹配。感知决策任务困难诱发了决策者的促进定向，由于促进定向个体偏好热切策略，强调速度，目标追求关注收益，从而与启发式策略形成调节匹配。因此，决策者感知任务难易度与决策策略的匹配效应本质上是调节匹配效应的衍生现象。

本研究还发现，加工流畅性是匹配与决策后满意度之间关系的部分中介变量，即加工流畅性能部分解释感知任务难易度与决策策略的匹配效应。具体而言，当决策者感知任务难易度与所使用的决策策略相匹配时，决策者在决策过程中信息的搜索和加工更为容易和流畅,进而影响到决策后评价。

五、结论

决策者感知任务难易度与决策策略之间存在匹配效应。该匹配效应的成因是感知任务难易度诱发了被试的情境性调节定向,其中,感知任务困难诱发了情境性促进定向,感知任务容易诱发了情境性预防定向。加工流畅性在匹配(感知任务难易度与策略)与决策后满意度之间起部分中介作用。

第二节 感知任务重要性与策略匹配效应的成因及机制

一、引言

第三章的研究证明了决策者感知任务重要性与决策策略的匹配效应。具体来说,在匹配条件(感知任务不重要+启发式策略,感知任务重要+分析式策略)下,个体的决策后满意度高于不匹配条件(感知任务不重要+分析式策略,感知任务重要+启发式策略)下个体的决策后满意度。假设该匹配效应的形成是由于感知任务重要性诱发了决策者的情境性调节定向,进而与决策策略之间形成了匹配。即感知决策任务重要会诱发个体的预防定向,由于该定向个体偏好分析式思维方式,因而与分析式决策策略形成调节匹配;感知决策任务不重要会诱发个体的促进定向,而该定向个体偏好直觉性思维方式,从而与启发式策略形成调节匹配。同时,假设这种调节匹配效应的机制是投入强度。

大量的内部动机和外部动机会促使个体在决策过程中采用不同的思维方式,一系列研究发现,相比不需要承担责任的个体,当人们需要为他们的决策承担责任时,会更倾向于在决策过程中仔细思考理由(Tetlock,1985;Tetlock et al.,1994)。当个体需要为选择结果承担责任时,会导致其调节定向表现为预防定向(Crowe et al.,1997),而预防定向个体偏好的是分析式思维方式。Polman(2012)的研究也证明了这一结果,在其研究中,当被试的课程选择需要受到教授的评估(承担责任)时,被试在决策过程中更倾向于采用分析式策略。

本研究将验证感知任务重要性对决策者情境性调节定向的诱发作用,同时再次检验决策者感知任务特征的重要性维度与决策策略的匹配效应,并揭示该匹配效应的机制。本研究中拟采用责任承担与否来操纵重要性变量,即以需要承担责任代表重要水平,以不需要承担责任代表不重要水平。

二、方法

（一）预备实验1

目的:确定正式实验中决策任务。为使决策任务的重要性自变量有效,同时还要防止与难易度自变量发生混淆,决策任务应当在重要性维度上差异显著,在难易度维度上无差异。

本研究采用五选二的社团选择任务,五个社团选项涉及艺术表演、文化、理论实践、体育和科普科技五个不同的类别,具体为京剧协会、国学会、推理协会、极限运动协会和航模协会。

本研究拟采用责任承担来操纵选择任务的重要性,不重要任务（任务1）的指导语为:各位同学好！我们是学校团委的老师,为了筹备成立新的学生社团,我们正在做前期的调研,需要各位配合完成社团选择任务。请各位从五个不同社团中选择出两个,我们将根据大家的选择情况,最终确定将成立哪两个新社团。

重要任务（任务2）的指导语在不重要任务指导语的基础上增加:请各位完成社团选择任务后在空白处写下你们的姓名和班级,并对你们选择的理由做简要说明,我们将会对你们的说明进行评估。

召集60名被试首先完成社团选择任务,随后对其完成的选择任务进行难易度和重要性的7点评分。实验采用纸笔测验的形式,其中一半被试完成任务1评定,另一半被试完成任务2评定。结果表明:两种任务重要性评分差异显著,$M_1 = 3.27, SD_1 = 1.78, M_2 = 4.43, SD_2 = 1.36, t(58) = 2.86, p < 0.01$;难易度评分差异不显著,$t(58) = 1.70, p > 0.05$,任务1与任务2难易度评分均值和标准差分别为$M_1 = 2.97, SD_1 = 1.42$ 和 $M_2 = 3.60, SD_2 = 1.45$。

（二）预备实验2

目的:确定正式实验中启发式策略组决策任务的呈现时间。

首先,召集40名被试分别完成预备实验1所获得的不重要和重要决策任务,在指导语中明确要求不需要仔细思考,根据第一反应做选择。其次,分别剔除两种决策任务下反应时的极端值,剔除方式为±2.5个标准差之外的数据,再对保留数据取平均值T_1和T_2。最后获得不重要任务完成反应时$T_1 = 1715$ ms,重要任务完成反应时$T_2 = 2455$ ms。T_1和T_2即为运用启发式策略完成不重要任务和重要任务的临界值,在即将进行的正式实验中,它们将作为判断被试策略使用的一个考量指标。

（三）研究对象

来自安徽某高校的大一本科生共200名,其中男生93名,女生107名,年龄范围为18~21岁。所有被试此前未参加过类似实验,且不知本实验的真实目的。被试均为自愿参加实验,实验结束后给予每位被试一份小礼物作为报酬。

(四)实验设计

采用2(重要性:不重要/重要)×2(决策策略:启发式/分析式)被试间实验设计,被试分为4组,每组50人,分别接受不同的实验处理。因变量是被试选择后满意度以及状态性调节定向,控制变量是完成决策任务过程中的情绪。

(五)实验材料及程序

被试以随机的方式被分配到各实验处理中,每个实验处理都是在机房集体施测完成。待被试到达机房坐定后,主试简单告知被试校团委正在进行新社团成立前的调研,要在大一新生中进行摸底,要求被试仔细阅读指导语并严格按照指导语的要求完成与社团选择有关的一系列任务。之后,被试按照下述材料呈现顺序在电脑上完成测量。

总指导语:同第四章第一节。

策略使用指导语:同第四章第一节。

任务重要性:采用预备实验1中的五选二任务,任务重要性采用指导语来操纵。不重要任务在总指导语及策略使用指导语基础上不再增加特殊指导语;

重要任务的指导语在总指导语及策略使用指导语的基础上增加:请各位完成社团选择任务后在空白处写下你们的姓名和班级,并对你们选择的理由做简要说明,我们将会对你们的说明进行评估。

任务难易度事后检验:同第四章第一节。

任务重要性事后检验:同第四章第一节。

策略使用事后检验:同第四章第一节。

决策后满意度测量:同第四章第一节。

情境性调节定向测量:同第四章第一节。

正确感体验测量:同第四章第一节。

投入强度测量:同第四章第一节。

加工流畅性测量:同第四章第一节。

情绪评定:同第四章第一节。

以上所有材料均采用E-Prime软件编程,由被试操作鼠标,逐一完成每一个实验任务。

(六)数据预处理

首先删除四个实验处理中策略检验为否定回答的被试,共计4人,同时删除运用启发式策略完成社团选择不重要和重要任务反应时分别超过T_1和T_2的被试,共 10 人；其次删除每个实验处理中感知任务重要性与实验操纵不符的被试,共计人,其中不重要任务为 17 人（删除标准为重要性评分≥4）,重要任务为 9 人（删除标准为重要性评分≤4）；最后删除每个实验处理中感知任务难易度与实验操纵不符的被试,共计 26 人（删除标准为难易度评分±1.5 个标准差之外的被试）,删除后剩余有效被试为 134 人。

三、结果

（一）任务重要性与难易度操纵效果检验

对实验操纵两种任务下被试的任务重要性评分进行独立样本 t 检验,结果为 $M_{重要}=5.34$,$SD_{重要}=0.61$,$M_{不重要}=2.54$,$SD_{不重要}=0.67$,$t(132)=25.35$,$p<0.001$；再比较两种重要性任务下被试的任务难易度评分,在实验操纵任务为不重要情况下,被试难易度评分为 $M=2.85$,$SD=0.75$,在实验操纵任务为重要情况下,被试难易度评分为 $M=3.04$,$SD=0.87$,独立样本 t 检验结果为 $t(132)=1.33$,$p>0.05$。这说明,实验任务对于数据预处理后的保留被试是有效的。

（二）感知任务重要性与策略对决策后满意度的影响

不同实验条件下被试的决策后满意度均值及标准差见表 4.5。

表 4.5　不同感知重要性条件下两种策略的决策效果

实验条件	启发式策略		分析式策略	
	M	SD	M	SD
不重要	5.12	1.39	4.38	1.43
重要	4.09	1.31	4.77	1.37

以感知任务重要性和决策策略为自变量,以决策后满意度为因变量对 134 个被试的数据进行完全随机方差分析,结果表明：感知任务重要性的主效应不显著,$F(1,130)=1.85$,$p>0.05$；决策策略的主效应不显著,$F(1,130)=0.02$,$p>0.05$；感知任务重要性与决策策略的交互效应显著 $F(1,130)=8.98$,$p<0.01$,$\eta^2=0.07$。

进一步的简单效应分析表明,在感知任务为不重要的情况下,采用启发式策略的被试决策后满意度高于采用分析式策略的被试,$F(1,59)=4.29$,$p<0.05$,$\eta^2=0.07$；在感知任务为重要的情况下,采用启发式策略的被试决策后满意度却低于采用分析式策略的被试,$F(1,71)=4.69$,$p<0.05$,$\eta^2=0.07$。

（三）感知任务重要性与策略对情绪的影响

以感知任务重要性和决策策略为自变量,以社团选择过程中的积极情绪及消

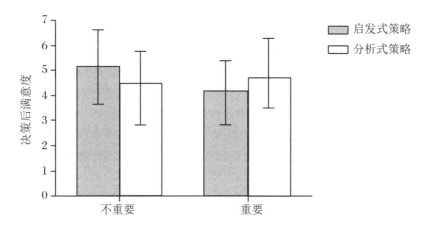

图 4.3 感知任务重要性与策略使用的交互作用结果

极情绪为因变量,对 134 个被试的数据进行完全随机方差分析,结果表明:从积极情绪来看,感知任务重要性的主效应不显著,$F(1,130) = 2.06$,$p > 0.05$,决策策略的主效应不显著,$F(1,130) = 0.07$,$p > 0.05$,感知任务重要性与决策策略的交互效应不显著,$F(1,130) = 0.38$,$p > 0.05$;在消极情绪上,感知任务重要性的主效应不显著,$F(1,130) = 1.95$,$p > 0.05$,决策策略的主效应不显著,$F(1,130) = 1.45$,$p > 0.05$,感知任务重要性与决策策略的交互效应不显著,$F(1,130) = 0.24$,$p > 0.05$。

(四)感知任务重要性对情境性调节定向的诱发

为检验感知任务重要性的诱发效果,以感知任务重要性为自变量,以被试的情境性调节定向为因变量,卡方检验结果表明差异显著,说明感知任务重要性诱发了被试不同的情境性调节定向。感知任务重要诱发了被试的预防定向,感知任务不重要诱发了被试的促进定向。

表 4.6 不同感知重要性条件下被试的情境性调节定向

	感知不重要	感知重要
促进定向	286(58.61%)	223(38.18%)
预防定向	202(41.39%)	361(61.81%)
χ^2 检验	44.46**	

(五)感知任务重要性与策略匹配效应的机制

为考察感知任务重要性与策略匹配效应的机制,首先根据研究需要将相关变量设定为虚拟变量(感知任务重要性与策略不匹配为 0;感知任务重要性与策略匹配为 1),然后分别对正确感、投入强度和加工流畅性与匹配和决策后满意度进行相关分析。结果表明,仅有投入强度与匹配和决策后满意度两两之间存在显著相关,具体见表4.7。

为检验投入强度在匹配和决策后满意度之间的中介作用,继续采用PROCESS程序中的模型4进行投入强度中介效应的回归分析,具体见表4.8。由于在加入投入强度之后,匹配对决策后满意度的直接预测作用仍然显著,因此,投入强度在匹配对决策后满意度的影响中起部分中介作用,具体见图4.4。

偏差校正的百分位Bootstrap方法检验表明,投入强度在匹配与决策后满意度之间的中介效应显著,95%的置信区间为[0.01,0.34],不包含0。此外,间接效应为0.12,占总效应的16.78%。

表4.7 匹配、投入强度和决策后满意度的相关分析

变量	匹配	投入强度	决策后满意度
匹配	1		
投入强度	0.23**	1	
决策后满意度	0.25**	0.23**	1

表4.8 投入强度的中介效应检验

回归方程		整体拟合指数			回归系数显著性		
结果变量	预测变量	R	R^2	F	b	SE	t
投入强度	匹配	0.23	0.05	7.19	0.71	0.27	2.68**
决策后满意度	匹配	0.31	0.96	6.95	0.59	0.24	2.45*
	投入强度				0.17	0.08	2.18*

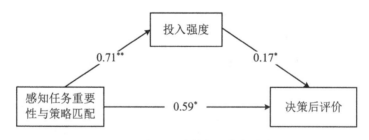

图4.4 投入强度的部分中介效应

四、讨论

本研究首先再次验证了第三章的研究结果,即感知任务特征与策略之间存在的匹配效应。感知任务的难易度和重要性两个维度特征分别与启发式和分析式两种决策策略形成了匹配,与不匹配相比,匹配状态下的决策者对决策结果的评价更

为积极,主观决策质量更高。这一结果是对已有的从匹配视角探讨决策质量影响因素的一系列研究的有效补充。以往研究基本是从决策者个体特质或状态情绪视角出发与决策策略建立关系,本研究首次从任务特征视角切入,将任务特征这一客观变量主观化之后,与决策策略建立关系,进而影响主观决策质量。

结合调节定向理论以及决策双系统的研究结果,就可理解为何不同调节定向的个体分别偏好不同决策策略。个体在实现目标的过程中可能会动用不同的自我调节系统,而情境性因素会暂时性地激活这一系统(Higgins,1997)。除了已发现的能够启动个体情境性调节定向的情境性因素之外,本研究创造性地发现了决策者感知任务特征也能够暂时性地启动个体的情境性调节定向,当被启动不同调节定向的个体分别运用各自所偏好的策略时,调节匹配发生了,调节匹配状态下的决策者会产生更高的决策后满意度。决策者会根据对决策任务特征的感知来实现决策目标,因此,决策者的决策目标从心理上就会与其对决策任务的感知产生紧密的联系。正是这种心理上的联系导致了感知任务特征对决策者情境性调节定向的诱发。

较多的研究已经发现情境性调节定向能够被任务所诱发,不同的任务要求、任务框架、任务时间的远近以及为谁完成任务都具备启动作用。作为对已有研究的补充,本研究发现了与任务有关的另外一个情境性调节定向的前因变量:决策者感知任务特征。第四章第一节的研究发现,感知任务困难的决策者在面对涉及决策者日常生活脚本的决策任务时更多地选择了促进选项,而感知任务容易的决策者倾向于预防选项。第四章第二节的研究发现,感知任务不重要的决策者偏好促进选项,感知任务重要的决策者选择预防选项的数量多于促进选项。这足以证明,感知任务困难和不重要启动了决策者的促进定向,感知任务容易和重要诱发了决策者的预防定向。调节定向首先通过激活决策者不同的参照自我,使其识别出同调节定向相应的需求,再通过类似信息过滤的机制,使其选择性地加工决策任务信息,直至影响其对目标实现策略的偏好。因此,在促进定向决策者采用启发式策略、预防定向决策者采用分析式策略情况下,决策者的决策后满意度更高。

调节匹配理论作为一套尚在发展之中的理论体系,关于其机制仍处在热烈讨论的阶段。从调节匹配效应的概念上来说,并不是所有类型的匹配都是完全相同的(Motyka et al.,2014),因为其涉及个体的活动目标(调节定向)、从事该活动的方式以及效应体现三个变量,不同研究对三个变量的操纵是不同的。一部分调节匹配是发生于个体特质性调节定向与行为策略之间的特质性调节匹配,而另一部分是个体被启动的情境性调节定向与行为策略之间产生的情境性调节匹配,这两者之间是有差异的。汪玲、林晖芸和逄晓鸣(2011)的研究就表明,情境性调节匹配与特质性调节匹配相比,会导致更为广泛的效应。而即便同样是状态性的调节定向,由于启动方式和材料的不同,也有可能导致暂时性调节定向程度上的差异。此外,与个体调节定向相匹配行为方式的差别以及调节匹配效应值所采用指标的不同也有可能影响匹配效应的机制。因此,虽然不同类型的匹配基本都能够导致额外的价值产生,但是这种额外价值产生的内部机制却可能不尽相同。

例如,Lee 和 Aaker(2004)以信息呈现框架启动被试的情境性调节定向,以说服效果检验匹配效应的研究表明,加工流畅性是中介变量。王怀勇(2011)综合使用回忆报告和老鼠走迷宫两种任务启动个体情境性调节定向,与不同信息搜索模式产生匹配效应,导致更为积极的决策后评价,其中加工流畅性起部分中介作用。而在其另一个实验中,调节定向启动方式不变,当与调节定向相匹配的行为方式换成决策策略后,形成的匹配效应内部机制变成了正确感。当研究采用对购物网站的评价以及购买倾向作为匹配效应的因变量时,发现投入强度是其中介变量(Ashraf et al.,2016),该研究中调节定向采用的是被试的特质性调节定向。Lee、Keller 和 Sternthal(2010)的研究则是采用词汇填充的方式启动被试的情境性调节定向,以被试对品牌的态度和字母重组任务为因变量,在验证个体的调节定向与品牌信息呈现方式(高解释水平和低解释水平)之间存在匹配效应后,同时检验了加工流畅性和投入强度的中介效应,结果发现两者都起到了部分中介的作用。

本研究发现加工流畅性在决策者感知任务难易度维度与策略的匹配和决策后满意度之间起部分中介作用。匹配情境下,匹配通过加工流畅性对决策后评价产生间接影响,同时也直接影响决策后评价。而投入强度在感知任务重要性维度与策略的匹配和决策后评价之间起部分中介作用。匹配通过投入强度间接同时也直接地影响决策后评价。与以往研究不同的是,本研究首次采用感知任务特征启动被试的情境性调节定向,并与启发式和分析式决策策略相匹配,效应体现为决策后主观评价。具体而言,当感知任务难易度所诱发的个体调节定向与决策策略之间匹配时,会使个体觉得决策过程中的信息搜索和信息加工比较容易(流畅),从而对决策结果的评价更高。当个体感知任务重要性所诱发的个体调节定向与决策策略之间匹配时,个体在决策过程中的投入强度会增加,进而提高决策后满意度。

五、结论

决策者感知任务重要性与决策策略之间存在匹配效应。该匹配效应的成因是感知任务重要性诱发了被试的情境性调节定向。其中,感知任务不重要诱发了个体的情境性促进定向,感知任务重要诱发了个体的情境性预防定向。投入强度在匹配(感知任务重要性与策略)与决策后满意度之间起部分中介作用。

第五章 感知任务特征与策略匹配效应的调节因素

第四章揭示了决策者感知任务特征与决策策略之间匹配效应的成因及其机制。难易度维度上,感知决策任务困难会诱发被试的促进定向。根据调节定向理论,促进定向个体偏好热切策略,强调速度,目标追求关注收益,当其采用启发式策略时,则形成调节匹配,从而出现调节匹配效应。感知决策任务容易会诱发被试的预防定向,该定向个体偏好警惕策略,强调准确性,目标追求关注损失,与分析式策略形成调节匹配。因此,匹配条件(感知任务困难+启发式策略,感知任务容易+分析式策略)下被试的决策后满意度高于不匹配条件(感知任务困难+分析式策略,感知任务容易+启发式策略)。重要性维度上,感知决策任务重要诱发了被试的预防定向,与分析式策略形成调节匹配。感知决策任务不重要诱发了被试的促进定向,与启发式策略形成调节匹配。因此,该维度的匹配条件一是感知任务重要且采用分析式策略,二是感知任务不重要且采用启发式策略。

第四章的研究表明,决策者感知任务特征是调节匹配效应的一个前因变量。但是,感知任务特征所启动的调节定向只是决策者暂时的状态性的自我调节倾向,除此之外,决策者本身还存在固有的、稳定的人格特质即特质性调节定向。个体在实现目标的过程中可能会动用不同的自我调节系统,个体本身特质和情境性因素都有可能激活这一系统(Higgins,1997)。那么,决策者感知任务特征与策略的匹配效应会受到决策者稳定的人格特质(特质性调节定向)的调节吗?感知任务特征所诱发的情境性调节定向与个体固有的特质性调节定向一致与否影响匹配效应吗?已有研究发现,目标相容效应的大小取决于情境诱发的状态性调节定向与特质性调节定向是否一致(Aaker et al.,2001),状态性调节定向与特质性调节定向一致时,目标相容效应最大(Aaker et al.,2001;Lee et al.,2000;Jin,2010),但这种效应的增加在特质性调节定向的两种类型上会有同样的体现吗?

本章将着力考察已发现的感知任务特征与策略之间的匹配效应是否会受到决策者特质性调节定向的调节。

第一节 感知任务难易度与策略匹配效应的调节因素

一、引言

本研究的目的是考察感知任务难易度与策略之间的匹配效应是否会受到个体特质性调节定向的调节,并在此基础上,进一步检验这种调节作用在特质性调节定向的两个水平(促进定向和预防定向)上是否一致。第三章第三节中已经用课程选择任务揭示了感知任务难易度与策略之间的匹配效应,但在此前的研究中,被试是按照随机的方式被分配到各个实验处理中的,其特质性调节定向被作为无关变量控制了。本研究将继续使用课程选择任务作为实验任务,难易度变量的操纵与第三章第三节相同,被试在完成各实验任务的同时还要完成特质性调节定向的测量。

二、方法

(一)研究对象

安徽某高校的本科一年级和二年级学生共160人,其中男生69名、女生91名,年龄范围为18~22岁。所有被试此前未参加过类似实验,且不知本实验的真实目的。实验结束后将给予每位被试一份小礼物作为报酬。

(二)实验设计

由于本研究仅探讨特质性调节定向对匹配效应的调节作用,采用2(调节定向:促进/预防)×2(匹配类型:匹配类型1/匹配类型2)被试间实验设计,调节定向以及感知任务特征与策略的匹配类型均为组间变量,匹配类型1为感知任务困难+启发式策略,匹配类型2为感知任务容易+分析式策略,因变量是被试决策后满意度。由于第三章第三节的结果表明,完成难易度不同的课程选择任务过程中的情绪对决策后评价没有影响,本研究不再将情绪作为无关变量进行控制。

(三)实验材料及程序

实验以集体施测的方式在机房完成,待被试到达机房坐定后,主试简单告知被试各学院正在进行培养方案的修订,需要对原有的课程设置进行调整,要求被试仔细阅读指导语并严格按照指导语的要求完成与课程选择有关的一系列任务。之后,被试按照下述材料呈现顺序在电脑上完成测量。

特质性调节定向测量:调节定向问卷(Regulatory Focus Questionnaire,RFQ),包括促进定向和预防定向两个分量表(Higgins et al.,2001),该问卷是测量个体特质性调节定向的常用工具,在调节定向和调节匹配领域被广泛应用(Summerville et al.,2008;汪玲 等,2011)。本研究采用修订后的调节定向问卷(中文版)(见附录六)。该问卷运用5点计分法,从"1=从不"到"5=总是",其中有2个项目的计分方式为从"1=完全错误"到"5=完全正确"。该问卷通过测量个体促进成功和预防成功的主观调节历史,即过去在实现理想型目标与应该型目标过程中成功的频率来测量个体在一般动机定向上的差异。例如"你曾经完成一些事情,这些事情的成功让你更加努力吗?"(促进定向)或者"你经常遵守你父母定下的规矩吗?"(预防定向)。修订后的调节定向问卷包含10个项目(6个促进定向项目和4个预防定向项目),具有较好的结构效度,总量表、促进和预防分量表的Cronbach α系数分别为0.70、0.66和0.79,重测信度分别为0.77、0.73和0.72(姚琦 等,2008)。

匹配类型:决策任务难易度和两种策略操纵同第三章第三节。

策略使用事后检验:同第三章第三节。

任务难易度事后检验:同第三章第三节。

任务重要性事后检验:同第三章第三节。

决策后满意度测量:同第三章第三节。

以上所有材料均采用E-Prime软件编程,由被试操作鼠标,逐一完成每一个实验任务。

(四)数据预处理

首先删除实验处理中策略检验为否定回答的被试,共计4人。其次删除每个实验处理中感知任务难易度与实验操纵不符的被试,共计18人,其中困难任务为7人(删除标准为难易度评分<4),容易任务为11人(删除标准为难易度评分≥4)。删除后剩余被试为138人。

最后计算被试的特质性调节定向得分,计算方法是根据其促进量表得分平均分减去预防量表得分平均分,然后将调节定向得分排序,使用中位数法,并根据中位数进行二分(耿晓伟 等,2017;Higgins et al.,2001)。最后确定促进定向被试76名,预防定向被试62名。

三、结果

(一)任务难易度与重要性操纵效果检验

对实验操纵两种任务下剩余被试的任务难易度评分进行独立样本 t 检验,结

果为 $M_{难}=5.12$, $SD_{难}=0.85$, $M_{易}=2.60$, $SD_{易}=0.75$, $t(136)=18.45$, $p<0.01$；再比较两种难度任务下被试的任务重要性评分，在实验操纵任务为容易情况下，被试重要性评分为 $M=3.60$, $SD=1.26$，在实验操纵任务为困难情况下，被试重要性评分为 $M=3.71$, $SD=1.23$，独立样本 t 检验结果为 $t(136)=0.49$, $p>0.05$。这说明，实验任务对于数据预处理后的保留被试是有效的。

（二）特质性调节定向对匹配效应的调节

首先对匹配类型 1 和匹配类型 2 两种匹配类型下被试的决策后满意度进行比较，$M_1=4.52$, $SD_1=1.05$, $M_2=4.74$, $SD_2=1.17$，独立样本 t 检验的结果表明，$t(136)=1.14$, $p>0.05$，说明两种匹配类型的匹配效应没有差异。

为考察个体特质性调节定向对感知任务难易度与策略匹配效应的调节作用，以决策后满意度为因变量，以个体特质性调节定向（促进定向/预防定向）和两种匹配类型为自变量进行完全随机方差分析（见表5.1），结果表明：个体特质性调节定向的主效应不显著，$F(1,134)=0.46$, $p>0.05$；匹配类型的主效应不显著，$F(1,134)=0.66$, $p>0.05$；个体特质性调节定向与匹配类型的交互效应显著，$F(1,134)=15.30$, $p<0.01$, $\eta^2=0.10$，具体见图5.1。

表 5.1 不同特质性调节定向被试的匹配效应

特质调节定向	匹配类型 1 （感知任务容易 + 分析式策略）		匹配类型 2 （感知任务困难 + 启发式策略）	
	M	SD	M	SD
促进定向	4.27	0.99	5.13	0.92
预防定向	4.86	1.04	4.29	1.27

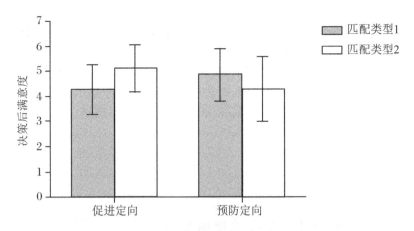

图 5.1 个体特质性调节定向与匹配类型的交互作用结果

进一步的简单效应分析表明:当被试的特质性调节定向为促进定向时,匹配类型2(感知任务困难采用启发式策略)的匹配效应大于匹配类型1(感知任务容易采用分析式策略),$F(1,74)=15.29,p<0.01,\eta^2=0.17$;当被试的特质性调节定向为预防定向时,匹配类型1(感知任务容易采用分析式策略)的匹配效应与匹配类型2(感知任务困难采用启发式策略)无差异,$F(1,60)=3.54,p>0.05$。

四、讨论

本研究采用调节定向问卷测量了个体的特质性调节定向,并据此考察个体特质性调节定向对感知任务难易度与策略的两种匹配效应的调节作用,结果发现特质性促进定向对不同匹配类型的匹配效应存在调节作用,而特质性预防定向对不同匹配类型的匹配效应的调节作用并不明显。

根据调节定向理论,情境性调节定向与特质性调节定向都能够与个体的行为方式匹配,产生匹配效应。但从已有研究来看,两种方式的匹配效应在广度和力度上都可能存在差异。例如有研究就发现,情境性调节匹配比特质性调节匹配的效应更强,因为情境性调节匹配效应体现在信息价值评价、情绪强度和行为意向三个方面,而特质性调节匹配效应仅体现在信息价值评价和情绪强度两个方面(汪玲等,2011)。这可能是因为特质性调节定向具有跨领域的普遍性,而情境调节定向因为是情境启动下的短暂状态,所以具有领域特异性。

从本研究来看,感知任务难易度所启动的个体情境性调节定向与特质性调节定向为促进定向的被试其促进倾向在强度上较为相当。因此,当个体的短暂状态调节定向与普遍性的促进定向一致时,个体自我调节过程中的特定倾向(促进)由于叠加而变得更为强烈,与其行为方式之间的匹配效应也就相应地得到强化。当个体情境性调节定向与特质性定向不一致时,特质性促进定向的强度足以减弱情境预防定向的强度,个体决策过程中特定的自我调节倾向(预防)相应变弱,情境性定向的效果受到削弱,匹配效应自然也就弱化了。

而针对特质性预防定向而言,可能是因为本研究中感知任务难易度所诱发的两种情境性调节定向的强度远高于特质性预防定向被试的预防倾向,即特质性预防定向被试的预防倾向较弱。因此,当特质性预防定向与情境性预防定向相互叠加,或者特质性预防定向与情境促进定向相互抵消,其作用都不会明显,导致两种效应之间的差异并不显著。

五、结论

感知任务难易度与策略之间的匹配效应受个体特质性调节定向的调节:当个体特质性调节定向为促进定向时,特质性定向与情境性定向的一致能够强化匹配效应,而特质性定向与情境性定向的不一致会弱化匹配效应;当个体特质性调节定向为预防定向时,特质性定向与情境性定向的一致与否对匹配效应并没有影响。

第二节　感知任务重要性与策略匹配效应的调节因素

一、引言

第五章第一节考察了个体特质调节定向对感知任务难易度与策略匹配效应的调节作用。本研究的目的是继续考察感知任务的另一个维度——重要性与策略之间的匹配效应是否会受到个体特质性调节定向的调节,并在此基础上,进一步考察这种调节作用在特质性调节定向的两个水平(促进定向和预防定向)上是否一致。第三章第四节中已经用课程选择任务揭示了感知任务重要性与策略之间的匹配效应,但在该研究中,被试是按照随机的方式被分配到各个实验处理中的,其特质性调节定向被作为无关变量控制了。本研究将继续使用课程选择任务作为实验任务,重要性变量的操作与第三章第四节相同,被试在完成各实验任务的同时还要完成特质性调节定向的测量。

二、方法

（一）研究对象

安徽某高校的本科一年级和二年级学生,共160人,其中男生85名、女生75名,年龄范围为18~22岁。所有被试此前未参加过类似实验,且不知本实验的真实目的。实验结束后给予每位被试一份小礼物作为报酬。

（二）实验设计

由于本研究仅探讨特质性调节定向对匹配效应的调节作用,采用2(调节定向:促进/预防)×2(匹配类型:匹配类型1/匹配类型2)被试间实验设计,调节定向以及感知任务特征与策略的匹配类型均为组间变量,匹配类型1为感知任务不重要＋启发式策略,匹配类型2为感知任务重要＋分析式策略,因变量是被试决策后满意度。由于第三章第四节的结果表明,完成重要性不同的课程选择任务过程中的情绪对决策后评价没有影响,本研究不再将情绪作为无关变量进行控制。

（三）实验材料及程序

实验以集体施测的方式在机房完成,待被试到达机房坐定后,主试简单告知被试各学院正在进行培养方案的修订,需要对原有的课程设置进行调整,要求被试仔细阅读指导语并严格按照指导语的要求完成与课程选择有关的一系列任务。之后,被试按照下述材料呈现顺序在电脑上完成测量。

特质性调节定向测量:同第五章第一节。
匹配和不匹配:决策任务重要性和两种策略操纵同第三章第四节。
策略使用事后检验:同第三章第四节。
任务难易度事后检验:同第三章第四节。
任务重要性事后检验:同第三章第四节。
决策后满意度测量:同第三章第四节。

以上所有材料均采用 E-Prime 软件编程,由被试操作鼠标,逐一完成每一个实验任务。

（四）数据预处理

首先删除实验处理中策略检验为否定回答的被试,共计 3 人。其次删除每个实验处理中感知任务重要性与实验操纵不符的被试,共计 25 人,其中重要任务为 13 人（删除标准为重要性评分<4）,不重要任务为 12 人（删除标准为重要性评分≥4）。删除后剩余被试为 132 人。

最后计算被试的特质性调节定向得分,计算方法同第五章第一节,最后确定促进定向被试 70 名,预防定向被试 62 名。

三、结果

（一）任务难易度与重要性操纵效果检验

对实验操纵两种任务下剩余被试的任务重要性评分进行独立样本 t 检验,结果为 $M_{重要}=5.08, SD_{重要}=0.91, M_{不重要}=2.24, SD_{不重要}=0.81, t(130)=18.91, p<0.01$；再比较两种重要性任务下被试的任务难易度评分,在实验操纵任务为不重要情况下,被试难易度评分为 $M=3.07, SD=0.98$,在实验操纵任务为重要情况下,被试难易度评分为 $M=3.31, SD=1.04$,独立样本 t 检验结果为 $t(130)=1.36, p>0.05$。这说明,实验任务对于数据预处理后的保留被试是有效的。

（二）特质性调节定向对匹配效应的调节

首先对匹配类型 1 和匹配类型 2 两种匹配类型下被试的决策后满意度进行比

较,$M_1=4.72$,$SD_1=1.37$,$M_2=4.87$,$SD_2=1.42$,独立样本 t 检验的结果表明,$t(130)=0.61$,$p>0.05$,说明两种匹配类型的匹配效应没有差异。

为考察个体特质性调节定向对感知任务重要性与策略匹配效应的调节作用,以决策后满意度为因变量,以个体特质性调节定向(促进定向,预防定向)和两种匹配类型为自变量进行完全随机方差分析(见表 5.2),结果表明:个体特质性调节定向的主效应不显著,$F(1,128)=0.05$,$p>0.05$;匹配类型的主效应不显著,$F(1,128)=0.21$,$p>0.05$;个体特质性调节定向与匹配类型的交互效应显著,$F(1,128)=7.22$,$p<0.01$,$\eta^2=0.05$。

表 5.2 不同特质性调节定向被试的匹配效应

特质调节定向	匹配类型 1 (感知任务容易+分析式策略)		匹配类型 2 (感知任务困难+启发式策略)	
	M	SD	M	SD
促进定向	4.44	1.56	5.19	1.43
预防定向	5.03	1.07	4.50	1.34

进一步的简单效应分析表明:当被试的特质性调节定向为促进定向时,匹配类型 2(感知任务不重要采用启发式策略)的匹配效应大于匹配类型 1(感知任务重要采用分析式策略),$F(1,68)=4.44$,$p<0.05$,$\eta^2=0.06$;当被试的特质性调节定向为预防定向时,匹配类型 1(感知任务重要采用分析式策略)的匹配效应与匹配类型 2(感知任务不重要采用启发式策略)无差异,$F(1,60)=2.97$,$p>0.05$,具体见图 5.2。

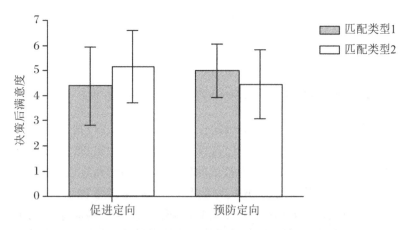

图 5.2 个体特质性调节定向与匹配类型的交互作用结果

四、讨论

本研究根据调节定向问卷将被试区分为两种特质性调节定向,特质促进定向和特质预防定向,并据此考察其特质性调节定向对感知任务重要性与策略的两种匹配效应的调节作用。与第五章第一节的结果相似,本研究再次发现特质促进定向对不同匹配类型的匹配效应存在调节作用,而特质预防定向对不同匹配类型的匹配效应的调节作用并不明显。

当情境性调节定向与个体特质性调节定向一致时,目标相容效应最大(Keller et al.,2006;Mouakhar-Klouz et al.,2016),本研究的结果显示,当个体特质定向为促进定向时与该研究结果一致,而当个体为预防定向特质时,目标相容效应并没有发生明显的变化。本研究结果与Jin(2010)的研究发现吻合,该研究也发现情境性调节定向的启动效果依赖于个体特质性调节定向,启动促进定向和预防定向会引发被试对结果反馈的反应差异,但这种现象仅局限于特质性调节定向为促进定向的被试,当被试特质性调节定向为预防定向时,两种情境性调节定向诱发效果没有差异。

之所以出现这样的结果,一方面可能跟样本研究所采用的前因变量有关。本研究首次采用决策者感知任务特征启动被试的情境性调节定向,与以往研究中所采用的启动材料不同,根据Motyka等人(2014)对调节匹配已有研究的元分析,不同方式启动下的情境性调节定向所形成的调节匹配效应存在差异。由此可以推测由于启动方式和材料的不同,个体被诱发的情境性调节定向会存在强度上的差异。本研究中,感知任务重要性所启动的个体情境性调节定向从强度上应该与特质促进定向被试的促进倾向接近,因而当后者与前者方向一致或不一致时就会导致匹配效应量向两端延伸。与第五章第一节中的难易度维度相似,感知任务重要性维度所诱发的情境性调节定向的强度可能远大于特质预防定向被试的预防倾向,后者对于前者的叠加以及削弱效果都不那么明显。

另一方面,本研究是根据调节定向问卷对被试进行划分的,该问卷包括促进定向和预防定向两个分量表。Chen和Bei(2017)在对调节定向问卷与一般调节定向测量以及行为激活/抑制系统测量三种测量工具比较之后发现,这三种工具的促进分量表具有同质性,呈正相关,而三种工具的预防分量表却是异质的,甚至调节定向问卷和一般调节定向问卷的预防分量表呈负相关。尽管该研究并没有探讨究竟哪个测量工具更为有效,但是该研究结果至少表明不同测量工具的预防定向分量表所测量的并非是相同的心理结构。由此可见,本研究根据调节定向问卷所获得的预防定向被试其特质倾向可能相对比较弱,无法调节感知任务特征所诱发的特质性调节定向与策略之间的匹配效应。

五、结论

感知任务重要性与策略之间的匹配效应受个体特质性调节定向的调节：当个体特质性调节定向为促进定向时，特质性定向与情境性定向的一致能够强化匹配效应，而特质性定向与情境性定向的不一致会弱化匹配效应；当个体特质性调节定向为预防定向时，特质性定向与情境性定向的一致与否对匹配效应并没有影响。

第六章 总结与展望

好的策略能够导致好的决策的产生(Keren et al.,2003)。调节匹配理论(Higgins,2000)的提出为决策质量研究提供了新的思路,结合决策的双加工理论(Kahneman et al.,2002)的观点,匹配能够导致"好决策",匹配状态下的策略也就是"好策略"。然而,通过对已有研究的系统梳理和回顾,发现还存在几点问题:一是研究视角单一,研究多从个体(稳定性特质以及状态性情绪)的视角考察其与决策策略之间的匹配对决策质量的影响;二是着眼于决策任务与策略关系的研究,对决策任务特征的操作忽略了其主观性和概括性的特点,已有结论对个体决策的优化意义不大;三是对调节匹配效应机制的探讨还没有定论;四是对调节匹配理论适用性的探讨还比较欠缺。本书针对以往研究的不足,围绕个体决策的主观性特点,创造性提出决策者感知任务特征的概念,获取其特征维度,由浅入深逐步探查决策者感知任务特征与决策策略的匹配效应,初步揭示匹配效应的形成原因、机制及其适用范围。

在已有研究的基础上,本书的研究获得了一些结果,具体见图6.1。

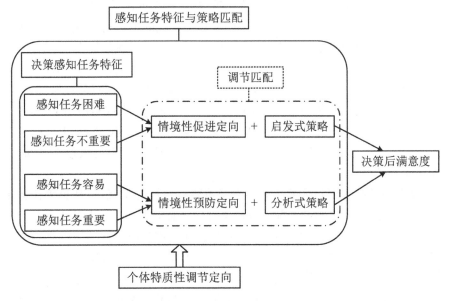

图 6.1 本研究总体结果

一、总讨论

(一)关于感知任务特征的两个维度

在探讨决策策略适用性时,研究多从决策任务的复杂性、结构、内容以及呈现方式等方面进行思考(Acker,2008;Dane et al.,2007;Dijksterhaus,2004;Payne et al.,2012)。显然,任务特征的这些维度划分存在重叠,同时由于其过于具体,针对日常生活中的决策行为缺乏指导价值。更为重要的是,已有的这些划分忽略了决策任务的主观性。

本书同样从决策任务的视角出发,综合考虑决策任务的主观性、概括性以及可操作性,借助于开放式问卷和闭合式问卷,结合探索性因素分析及验证性因素分析技术,探查出决策者感知任务特征具有两个维度,分别是难易度维度和重要性维度。综合探索性因素分析和验证性因素分析的各项指标来看,本书探查出的两个感知维度既能体现任务特征的主观性,同时也具备概括性,能较全面地涵盖任务特征,使得决策者在现实生活中决策质量的优化具有较强的可操作性。

(二)关于感知任务特征与策略的匹配效应

个体的调节定向与行为策略之间的匹配,称之为调节匹配(Higgins,2000)。调节匹配会对个体的行为动机和情绪等产生影响,进而影响任务绩效,统称为调节匹配效应(Hong et al.,2008)。在行为决策领域,调节匹配效应还体现在决策后评价上(Mourali et al.,2009)。随着调节匹配理论研究的不断拓展,越来越多地涉及个体稳定性特质以及状态性情绪与行为方式之间的匹配现象被发现(Dijkstra et al.,2017;Mangels et al.,2013;Vries et al.,2008)。行为决策领域中,基于调节定向和调节匹配两种理论的新的匹配效应也逐步增加。例如,消费领域研究发现,当消费者的调节定向与购物网站所提供的购物体验(享乐主义或实用主义)匹配情况下,消费者会产生更积极的态度以及更强烈的购物倾向(Ashraf et al.,2015)。甚至,不同功能的商品与商品呈现的信息框架相互匹配,会影响说服效果(Borges et al.,2015)。

尽管人们已经意识到决策任务对决策策略有效性的干扰,但从决策任务视角出发构建与决策策略之间的匹配关系还未得到应有的重视。本书基于调节定向和调节匹配理论,证实了决策者决策过程中的思维方式与决策任务特征是否相容才是影响决策质量的关键这一猜想(Ayal et al.,2015;Rusou et al.,2013),发现在感知任务难易度和重要性不同的情况下,决策者采用不同的决策策略会影响决策后满意度,也就是说决策者感知任务特征与启发-分析式决策策略存在匹配效应。

（三）关于匹配效应的成因及机制

在行为决策领域中，调节定向和调节匹配理论得到了进一步的拓展，由于调节匹配所涉及的两个变量的一系列前因变量逐步被发现，越来越多的匹配效应也被揭示出来。本研究所发现的决策者感知任务特征与策略的匹配效应正是遵循这一思路。

个体情境性调节定向能够被特定的情境和任务临时诱发和启动（Idson et al.，2004；Lee et al.，2000；Seibt et al.，2004），甚至能够仅仅被商品本身启动（Borges et al.，2015）。这些特定的情境和任务可能是因为激活了决策者不同类型的自我构建，也可能是激发了决策者对不同性质（积极或消极）结果抑或是决策结果不同方面（收益或损失）的关注。根据调节定向理论，特定情境诱发的不同情境性调节定向个体在决策过程中会表现出不同的策略偏好。本书的研究发现了个体情境性调节定向的一个新的前因变量——感知任务特征，当个体感知任务特征所启动的情境性调节定向与其偏好的策略相匹配，匹配效应就产生了。因此，本书的研究中决策者感知任务特征与策略之间存在匹配效应，究其原因是感知任务特征启动了决策者的情境性调节定向。

诸多的方法和材料都具备启动个体的情境性调节定向的功能，但不同方法和材料所启动的情境性定向却存在差异，并不是所有类型的匹配都是完全相同的（Motyka et al.，2014）。虽然不同类型的匹配基本都能够导致额外的价值产生，但是这种额外价值产生的内部机制却可能不尽相同，正确感、加工流畅性以及投入强度都被发现过具有中介作用（Ashraf et al.，2016；Lee et al.，2004；Lee et al.，2010）。本书的研究中感知任务难易度和感知任务重要性两个维度与策略之间尽管都产生了匹配效应，但不同维度诱发的情境性调节形式下的匹配影响了调节匹配的体验（Chen et al.，2017），这可能是导致感知任务的两个维度与策略匹配的机制不同的原因。

（四）关于特质性调节定向对匹配效应的调节

个体在实现目标的过程中可能会动用不同的自我调节系统，个体本身特质和情境性因素都有可能激活这一系统（Higgins，1997）。当情境性调节定向与个体特质性调节定向一致时，目标相容效应最大（Keller et al.，2006；Mouakhar-Klouz et al.，2016）。本书研究结果表明目标相容效应仅发生在特质促进定向水平上，在特质预防定向水平上该效应并不明显。

与以往研究相比，本书首次采用决策者感知任务特征作为前因变量，启动被试的情境性调节定向。由于不同方式启动下的情境性调节定向所形成的调节匹配效应存在差异（Motyka et al.，2014），本书研究感知任务特征所启动的个体情境性调节定向从强度上应该与特质促进定向被试的促进倾向接近，却远大于特质预防定向被试的预防倾向,这可以作为相容效应发生在特质促进定向水平上,在特质预防定向水平上没有发生的原因。另外,本书采用的调节定向问卷的预防分量表的效度可能存在欠缺(Chen et al.,2017),所选取的预防定向被试其特质倾向可能相对比较弱,无法调节感知任务特征所诱发的情境性调节定向与策略之间的匹配效应。

二、总结论

本书研究所得结论如下:

(1) 决策者感知任务特征具有两个维度:难易度维度和重要性维度。

(2) 决策者感知任务特征与决策策略之间存在匹配效应,感知任务困难和感知任务不重要与启发式策略、感知任务容易和感知任务重要与分析式策略分别形成匹配,与不匹配相比,其决策后满意度更高。

(3) 感知任务特征与策略匹配效应的成因是感知任务特征启动了个体的情境性调节定向,其中,感知任务困难和不重要诱发了个体的情境性促进定向,感知任务容易和重要诱发了个体的情境性预防定向。加工流畅性在匹配(感知任务难易度与策略)与决策后满意度之间起部分中介作用,投入强度在匹配(感知任务重要性与策略)与决策后满意度之间起部分中介作用。

(4) 感知任务的两个维度与策略之间的匹配效应都受个体特质性调节定向的调节:当个体特质性调节定向为促进定向时,特质性定向与情境性定向的一致能够强化匹配效应,不一致会弱化匹配效应。当个体特质性调节定向为预防定向时,特质性定向与情境性定向的一致与否对匹配效应并没有影响。

三、主要贡献

本书主要存在以下几个方面的贡献:

首先,本书首次提出"感知任务特征"的概念,利用开放式问卷收集决策者感知任务的具体特征,在此基础上通过探索性因素分析和验证性因素分析技术获得感知任务特征的两个维度。这两个维度具有主观性、概括性和可操作性等特点。

其次,本书采用现场实验以及实验室实验的方法,考察了决策者面对不同感知任务特征时,不同决策策略的使用对决策质量的影响,由表及里地逐步验证了决策者感知任务特征与决策策略的匹配效应。本书通过研究决策者对决策任务主体感知与策略使用的关系来探讨决策质量的影响因素,对丰富和发展行为决策的相关理论以及深入了解个体决策后评价的心理机制具有重要价值。

最后,在验证匹配效应的基础上,本书进一步揭示了匹配效应的形成原因、机制以及匹配效应的调节因素,从而为决策者的决策优化提供了科学依据。

四、研究展望

本书虽然取得了一些成果,但由于主客观条件的限制,致使本书仍然存在一些不足和局限。在未来的研究中,有必要针对以下不足,进行更为深入的研究,以期进一步地丰富和发展行为决策的相关研究。

首先,决策者感知任务特征与策略的匹配效应有必要在另外一些变量上进行验证。调节匹配效应在很多变量上都得以证实,已有研究发现,除商品的主观评价之外(Cesario et al.,2008;Wan et al.,2009),还包括行为倾向(Avnet et al.,2006)以及实际的行为(Forster et al.,1998)等。本书以决策后主观评价为因变量,发现了感知任务特征与策略的匹配效应,主观评价由于受个体态度的操控,是最为敏感的一个变量(Motyka et al.,2014),因此本书所发现的匹配效应在行为倾向以及行为上是否存在还有必要进一步验证,因为,作为个体即将完成某个行为的良好指标(Ajzen,2002),行为倾向和行为这两个指标更具有说服力。

其次,本书研究所发现的匹配效应仅体现在决策后满意度上,该变量仅代表一种即刻评价,匹配条件的作用效果是否存在延迟效应?未来的研究还有必要考察感知任务特征与策略匹配效应的延期效果,同时获得匹配条件下静态和动态变化的效应值,才会为人们理解决策后评价的心理机制提供更有价值的依据。

最后,本书研究只考察了个体特质调节定向对感知任务特征与策略匹配效应的调节作用,除此之外,该匹配效应还有没有其他的调节因素?研究发现,调节匹配效应会受个体初始动机和风险感知的调节(Hong et al.,2008;Wang et al.,2006),那么本书发现的匹配效应除受个体特质变量的调节之外,会不会也受决策过程中的状态性变量的调节?毕竟,探讨感知任务特征与策略匹配效应的适用范围对于个体现实生活中的决策优化具有重要意义。

附　　录

附录一　决策者感知任务特征问卷

同学：

  你好！

  生活中充满了各种各样的选择，大到升学、所学专业或职业的选择，小到选择哪种洗发水或穿哪件衣服，可以说，是每一次的选择造就了今天的你。

  首先，请你回忆一下你在过去的生活中曾经做过的选择，你可以锚定一个或几个近期做出的选择，也可以锚定一个或几个保留在记忆中曾经做过的选择。然后，请回想你在做这些选择时，你能够感知到的这些选择任务的特征有哪些，比如选择任务信息详尽与否，或者选择项的多与少等等。

  请你仔细回想，只要是你能够感觉到的与选择任务本身有关的特征，请把它们写在下面的空白处，没有时间限制，写的越多越好！

附录二　决策者感知任务特征量表(初测版)

我们在做选择时通常会受到一些因素的影响,以下所列各项是影响人们选择的一些可能因素。请回想你在日常生活中曾做过的选择,并根据你自己的体会,逐一判断这些因素对选择的影响程度。请在符合你真实感受的数字上划"√"。"1"代表"影响程度非常小"→"7"代表"影响程度非常大"。

	1	2	3	4	5	6	7
1. 完成选择所给予时间的多少	○	○	○	○	○	○	○
2. 选项的数量	○	○	○	○	○	○	○
3. 选择与自身的利害关系	○	○	○	○	○	○	○
4. 选择的价值	○	○	○	○	○	○	○
5. 选项之间的相似性	○	○	○	○	○	○	○
6. 完成选择所花费的时间	○	○	○	○	○	○	○
7. 对选项的熟悉程度	○	○	○	○	○	○	○
8. 选择结果的不确定程度	○	○	○	○	○	○	○
9. 选择结果对自身的影响	○	○	○	○	○	○	○
10. 选项间冲突的大小	○	○	○	○	○	○	○
11. 完成选择的必要性	○	○	○	○	○	○	○
12. 完成选择所消耗的精力	○	○	○	○	○	○	○
13. 对选择结果的需求程度	○	○	○	○	○	○	○
14. 选择结果对重要他人的影响	○	○	○	○	○	○	○
15. 选项的吸引力大小	○	○	○	○	○	○	○
16. 选项的价值大小	○	○	○	○	○	○	○
17. 选项的优劣	○	○	○	○	○	○	○
18. 每个选项包含特征的多少	○	○	○	○	○	○	○

附录三　决策者感知任务特征量表(正式版)

我们在做选择时通常会受到一些因素的影响,以下所列各项是影响人们选择的一些可能因素。请回想你在日常生活中曾做过的选择,并根据你自己的体会,逐一判断这些因素对选择的影响程度。请在符合你真实感受的数字上划"√"。"1"代表"影响程度非常小"→"7"代表"影响程度非常大"。

	1	2	3	4	5	6	7
1. 选择与自身的利害关系	○	○	○	○	○	○	○
2. 选择的价值	○	○	○	○	○	○	○
3. 完成选择所花费的时间	○	○	○	○	○	○	○
4. 对选择的熟悉程度	○	○	○	○	○	○	○
5. 选择结果的不确定程度	○	○	○	○	○	○	○
6. 选择结果对自身的影响	○	○	○	○	○	○	○
7. 选项间冲突的大小	○	○	○	○	○	○	○
8. 完成选择所消耗的精力	○	○	○	○	○	○	○
9. 对选择结果的需求程度	○	○	○	○	○	○	○
10. 选项的价值大小	○	○	○	○	○		

附录四　消费决策问卷

同学,你好:

　　我们是安徽农业大学心理学系的老师,正在进行一项关于大学生消费决策的课题研究,想请你回答以下几个问题。你的回答仅仅作为科学研究之用,我们并无探究个人隐私的目的,希望你能够**真实地**选择和作答。

　　你的性别是_____　　　　　　　　年龄是_____

　　1. 请问你刚才在超市里购买的商品是(请填写一件商品名称,如果你购买了多件,请锁定其中的一件即可)_____

　　2. 这件商品是什么牌子(即品牌)_____

　　3. 请你回想一下,你在货架上从多种品牌商品中选择出这件商品时,你感到困难程度如何?(请在符合你真实感受的数字上划"√")

　　一点也不觉得困难　1　2　3　4　5　6　7　觉得非常困难

　　4. 请思考一下,购买这件商品对你来说重要性程度如何?(请在符合你真实感受的数字上划"√")

　　一点也不重要　1　2　3　4　5　6　7　非常重要

　　5. 请回想一下,你在购买这件商品时,是凭直觉快速选取,还是在经过仔细考虑反复权衡之后做出的选择?(请在符合你真实情况的数字上划"√")

　　凭直觉快速　1　2　3　4　5　6　7　仔细考虑比较

　　6. 此刻,你对你所购买的这件商品的满意程度如何?(请在符合你真实感受的数字上划"√")

　　感到很不满意　1　2　3　4　5　6　7　感到非常满意

附录五 积极和消极情绪量表

以下是对你此刻情绪的可能描述,请根据你此刻的真实主观体验做出选择。请在符合你真实感受的○上划"√"。

1. 我此时此刻的**高兴**程度为
   ○一点也不高兴　○有点高兴　○比较高兴　○高兴　○非常高兴
2. 我此时此刻的**快乐**程度为
   ○一点也不快乐　○有点快乐　○比较快乐　○快乐　○非常快乐
3. 我此时此刻的**悲伤**程度为
   ○一点也不悲伤　○有点悲伤　○比较悲伤　○悲伤　○非常悲伤
4. 我此时此刻的**兴奋**程度为
   ○一点也不兴奋　○有点兴奋　○比较兴奋　○兴奋　○非常兴奋
5. 我此时此刻的**愤怒**程度为
   ○一点也不愤怒　○有点愤怒　○比较愤怒　○愤怒　○非常愤怒
6. 我此时此刻的**害怕**程度为
   ○一点也不害怕　○有点害怕　○比较害怕　○害怕　○非常害怕
7. 我此时此刻的**欣喜**程度为
   ○一点也不欣喜　○有点欣喜　○比较欣喜　○欣喜　○非常欣喜
8. 我此时此刻的**紧张**程度为
   ○一点也不紧张　○有点紧张　○比较紧张　○紧张　○非常紧张
9. 我此时此刻的**难过**程度为
   ○一点也不难过　○有点难过　○比较难过　○难过　○非常难过
10. 我此时此刻的**愉快**程度为
    ○一点也不愉快　○有点愉快　○比较愉快　○愉快　○非常愉快

附录六　调节定向问卷

下面的题目是您生活中具体事件的描述,请根据它们在您身上发生的频率,在符合你真实感受的○上划"√"。

1. 和大多数人相比,你通常无法从生活中得到自己想要的东西吗?
○从不　○很少　○有时　○经常　○总是

2. 在你的成长过程中,你经常做出一些让你父母无法容忍的事情吗?
○从不　○很少　○有时　○经常　○总是

3. 你曾经完成一些事情、这些事情的成功让你更加努力吗?
○从不　○很少　○有时　○经常　○总是

4. 在你成长过程中,你经常会让父母很烦心吗?
○从不　○很少　○有时　○经常　○总是

5. 在你成长过程中,你经常会做一些你父母认为不对的事情吗?
○从不　○很少　○有时　○经常　○总是

6. 当我追求一些我认为重要得到事情时,我发现我做得并不像我理想的那样好?
○从不　○很少　○有时　○经常　○总是

7. 对于你想做的各种事情,你经常做得很好吗?
○从不　○很少　○有时　○经常　○总是

8. 你经常遵守你父母定下的规矩吗?
○从不　○很少　○有时　○经常　○总是

9. 我感觉我已经朝着成功迈进了。
○完全错误　○错误　○不确定　○正确　○完全正确

10. 在生活中,我几乎没有能让自己感兴趣或让自己全身心地投入的爱好或活动。
○完全错误　○错误　○不确定　○正确　○完全正确

参 考 文 献

陈荣,苏凇,窦文宇,2013.对信息源的正向跟随倾向对决策效果的影响[J].心理学报,45(8):887-898.

杜晓梦,赵占波,崔晓,2015.评论效价、新产品类型与调节定向对在线评论有用性的影响[J].心理学报,47(4):555-568.

段锦云,周冉,陆文娟,等.2013.不同反应线索条件下调节匹配对建议采纳的影响[J].心理学报,45(1):104-113.

耿晓伟,姜宏艺,2017.调节定向和调节匹配对情感预测中影响偏差的影响[J].心理学报,49(12):1537-1547.

李虹,陈石,倪士光,2013.直觉和分析在不同任务条件下的逃生决策效果[J].心理学报,45(1):94-103.

林晖芸,汪玲,2007.调节性匹配理论述评[J].心理科学进展,15(5):749-753.

苗秀影,迟立忠,2017.运动决策中的无意识思维研究[J].心理科学,40(2):329-334.

邱林,郑雪,王雁飞,2008.积极情感消极情感量表(PANAS)的修订[J].应用心理学,14(3):249-254.

孙彦,李纾,殷晓莉,2007.决策与推理的双系统:启发式系统和分析系统[J].心理科学进展,15(5):721-726.

王怀勇,2011.决策过程中的调节匹配效应研究[D].上海:华东师范大学.

王怀勇,刘永芳,2014.决策过程中的调节匹配效应及其机制.心理科学,37(1):182-189.

汪玲,林晖芸,逄晓鸣,2011.特质性与情境性调节定向匹配效应的一致性[J].心理学报,43(5):553-560.

杨继平,郑建君,2009.情绪对危机决策质量的影响[J].心理学报,41(6):481-491.

姚琦,乐国安,2009.动机领域的新发展:调节定向理论[J].心理科学进展,17(6):1264-1273.

姚琦,乐国安,伍承聪,等,2008.调节定向的测量维度及其问卷的信度和效度检验[J].应用心理学,14(4):318-323.

尹非凡,王咏,2013.消费行为领域中的调节定向[J].心理科学进展,21(2):347-357.

Aaker J, Lee A Y, 2001. I seek pleasures, we avoid pains: the role of self-regulatory goals in information processing and persuasion[J]. Journal of Consumer Research, 28(1):33-49.

Acker F, 2008. New findings on unconscious versus conscious thought in decision making: additional empirical data and meta-analysis[J]. Judgment and Decision Making, 3(4):292-303.

Ajzen I, 2002. Perceived behavioral control, self-efficacy, locus of control, and the theory of planned behavior[J]. Journal of Applied Social Psychology, 32(4):665-683.

Algona V K, et al, 2014. Registered replication report: Schooler and engstler-schooler[J]. Perspectives on Psychological Science, 9(5): 556-578.

Arkes H R, 2016. A levels of processing interpretation of dual-system theories of judgment and decision making[J]. Theory & Psychology, 26(4): 456-475.

Ashraf A R, Razzaque M A, Thongpapanl N T, 2016. The role of customer regulatory orientation and fit in online shopping across cultural contexts[J]. Journal of Business Research, 69(12): 6040-6047.

Ashraf A R, Thongpapanl N T, 2015. Connecting with and converting shoppers into customers: Investigating the role of regulatory fit in the online customer's decision making process[J]. Journal of Interactive Marketing, 32(4): 13-25.

Avnet T, Higgins E T, 2003. Locomotion, assessment, and regulatory fit: Value transfer from "how"to"what"[J]. Journal of Experimental Social Psychology, 39(5): 525-530.

Avnet T, Higgins E T, 2006. How regulatory fit affects value in consumer choices and opinions [J]. Journal of Marketing Research, 43(1): 1-10.

Ayal S, Hochman G, 2009. Ignorance or integration: Examining the nature of the cognitive processes underlying choice behavior[J]. Journal of Behavior Decision Making, 22(4): 455-474.

Ayal S, Hochman G, Zakay D, 2011. Two sides of the same coin: Information processing style and reverse biases[J]. Judgment and Decision Making, 6(4): 295-306.

Ayal S, Zakay D, Hochman G, 2012. Deliberative adjustments of intuitive anchors: The case of diversification behavior[J]. Synthese, 189, 131-145.

Ayal S, Rusou Z, Zakay D, et al. , 2015. Determinants of judgment and decision making quality: The interplay between information processing style and situational factors[J]. Frontiers in Psychology, 6(30): 1-10.

Banks J, Oldfield Z, 2007. Understanding pensions: Cognitive function, numerical ability and retirement saving[J]. Fiscal Study, 28(2): 143-170.

Bansback N, Li L C, Lynd L, et al. , 2014. Exploiting order effects to improve the quality of decisions[J]. Patient Education and Counseling, 96(2): 197-203.

Bavolar J, Orosova O, 2015. Decision-making styles and their associations with decision-making competencies and mental health[J]. Judgment and Decision Making, 10(1): 115-122.

Beilock S L, Devcaro M S, 2007. From poor performance to success under stress: Working memory, strategy selection, and mathematical problem solving under pressure[J]. Journal of Experimental Psychology: Learning, Memory and Cognition, 33(6): 983-998.

Betsch C, Kunz J J, 2007. Individual strategy preferences and decisional fit [J]. Journal ofBehavioral Decision Making, 21(5): 532-555.

Bettman J R, Luce M F, Payne J W, 1998. Constructive consumer choice processes[J]. Journal of Consumer Research, 25(3): 187-217.

Borges A, Gomez P, 2015. How products induce regulatory fit: Evidence from the health domain [J]. Journal of consumer Marketing, 32(6): 441-449.

Bos M W, Dijksterhuis A, van Baaren R B, 2008. On the goal-dependency of unconscious thought[J]. Journal of Experimental Social Psychology, 44(4):1114-1120.

Brehm J W, Self E A, 1989. The intensity of motivation[J]. Annual Review of Psychology, 40(1):109-131.

Bruine de Bruin W, Parker A M, Fischhoff B, 2007. Individual differences in adult decision making competence[J]. Journal of Personality and Social Psychology, 92(5):938-956.

Bruine de Bruin W, Parker A M, Fischhoff B, 2012. Explaining adult age differences in decision-making competence[J]. Journal of Behavioral Decision Making, 25(4):352-360.

Calvillo D P, Penaloza A, 2009. Are complex decisions better left to the unconscious? Further failed replications of the deliberation-without-attention effect[J]. Judgment and Decision Making, 4(6):509-517.

Camacho C J, Higgins E T, Luger L, 2003. Moral value transfer from regulatory fit: "What feels right is right" and "what feels wrong is wrong"[J]. Journal of Personality and Social Psychology, 84(3):498-510.

Carver C S, White T L, 1994. Behavioral inhibition, behavioral activation, and affective responses to impending reward and punishment: The BIS/BAS scales[J]. Journal of Personality and Social Psychology, 67(2):319-333.

Cesario J, Grant H, Higgins E T, 2004. Regulatory fit and persuasion: Transfer from "feeling right"[J]. Journal of Personality and Social Psychology, 86(3):388-404.

Cesario J, Higgins E T, 2008. Making message recipients "feel right": How nonverbal cues can increase persuasion[J]. Psychological Science, 19(5):415-420.

Cesario J, Higgins E T, Scholer A A, 2007. Regulatory fit and persuasion: Basic principles and remaining questions[J]. Social and Personality Psychology Compass, 2(1):444-463.

Chaiken S, 1980. Heuristic versus systematic information processing and the use of source versus message cues in persuasion[J]. Journal of Personality and Social Psychology, 39(5):752-766.

Chen Y S A, Bei L T, 2017. Reviewing regulatory focus based on four regulatory forms[J]. Review of General Psychology, 21(4):354-371.

Crossley C D, Highhouse S, 2004. Relation of job search and choice process with subsequent satisfaction[J]. Journal of Economic Psychology, 26(2):255-268.

Crowe E, Higgins E T, 1997. Regulatory focus and strategic inclinations: Promotion and prevention in decision-making[J]. Organizational Behavior and Human Decision Processes, 69(2):117-132.

Dane E, Pratt M G, 2007. Exploring intuition and its role in managerial decision making[J]. Academy of Management Review, 32(1):33-54.

De Vries M, Holland R W, Witteman C L M, 2008. Fitting decisions: Mood and intuitive versus deliberative decision strategies[J]. Cognition and Emotion, 22(5):931-943.

Dijksterhuis A, 2004. Think different: The merits of unconscious thought in preference development and decision making[J]. Journal of Personality and Social Psychology, 87(5):586-598.

Dijksterhuis A, Bos M W, Nordgren L F, et al., 2006. On making the right choice: The deliberation-without-attention effect[J]. Science, 311(5763):1005-1007.

Dijksterhuis A, Nordgren L F, 2006. A theory of unconscious thought[J]. Perspective on Psychological Science, 1(2):95-109.

Dijksterhuis A, Old Z, 2006. On the benefits of thinking unconsciously: Unconscious thought can increase post-choice satisfaction[J]. Journal of Experimental Social Psychology, 42(5):627-631.

Dijkstra K A, Pligt J, Kleef G A, 2013. Deliberation versus intuition: Decomposing the role of expertise in judgment and decision making[J]. Journal of Behavioral Decision Making, 26(3):285-294.

Dijkstra K A, Pligt J, Kleef G A, et al., 2012. Deliberation versus intuition: Global versus local processing in judgment and choice[J]. Journal of Experimental Social Psychology, 48(5):1156-1161.

Dijkstra K A, Pligt J, Kleef G A, 2017. Fit between decision mode and processing style predicts subjective value of chosen alternatives[J]. European Journal of Social Psychology, 47(1):72-81.

Epstein S, 1994. Integration of the cognitive and psychodynamic unconscious[J]. American Psychology, 49(8):709-724.

Epstein S, 2010. Demystifying intuition: What it is, what it does, and how it does it[J]. Psychological Inquiry, 21(4):295-312.

Evans J, St B T, 2003. In two minds: Dual process accounts of reasoning[J]. Trends in Cognitive Sciences, 7(10):454-459.

Evans J, St B T, 2006. The heuristic-analytic theory of reasoning: Extension and evaluation[J]. Psychology Bulletin & Review, 13(3):378-395.

Evans J, St B T, 2008. Dual-Processing Accounts of Reasoning, Judgment, and Social Cognition[J]. Annual Review of Psychology, 59, 255-278.

Evans J, St B T, Stanovich K E, 2013. Dual-process theories of higher cognition: Advancing the debate[J]. Perspectives on Psychological Science, 8(3):223-241.

Freitas A L, Liberman N, Higgins E T, 2002. Regulatory fit and resisting temptation during goal pursuit[J]. Journal of Experimental Social Psychology, 38(3):291-298.

Förster J, Higgins E T, 2005. How global versus local perception fits regulatory focus[J]. Psychological Science, 16(8):631-636.

Forster J, Higgins E T, Idson L C, 1998. Approach and avoidance strength during goal attainment: Regulatory focus and the "goal looms larger" effect[J]. Journal of Personality and Social Psychology, 75(5):1115-1131.

Geisler M, Allwood C M, 2015. Competence and quality in real-life decision making[J]. Plos One, 10(11):1-22.

Gino F, Margolis J D, 2011. Bringing ethics into focus: How regulatory focus and risk preferences influence (un)ethical behavior[J]. Organizational Behavior and Human Decision Processes, 115(2):145-156.

Glöckner A, Betsch T, 2008. Multiple-reason decision making based on automatic processing[J].

Journal of Experimental Psychology:Learning,Memory,and Cognition,34(5):1055-1075.

Glöckner A, Herbold A, 2011. An eye-tracking study on information processing in risky decisions:Evidence for compensatory strategies based on automatic processes[J]. Journal of Behavioral Decision Making,24(1):71-98.

Glöckner A, Witteman C, 2010. Beyond dual-process models: A categorisation of processes underlying intuitive judgment and decision making[J]. Thinking and Reasoning, 16(1): 1-25.

Goel V, Dolan R J. 2003. Explaining modulation of reasoning by belief. Cognition, 87(1): B11-B22.

Gonzalez-Vallejo C, Lassiter G D, Bellezza F S, et al., 2008. "Save angels perhaps": A critical examination of unconscious thought theory and the deliberation without Attention effect [J]. Review of General Psychology,12(3):282-296.

Haidt J,2001. The emotional dog and its rational tail: A social intuitionist approach to moral judgment[J]. Psychological Review,108(4):814-834.

Halberstadt J, Catty S, 2008. Analytic thought disrupts familiarity-based decision making[J]. Social Cognition,26(6):755-765.

Halberstadt J, Green J, 2008. Carryover effects of analytic thought on preference quality[J]. Journal of Experimental Social Psychology,44(4):1199-1203.

Hammond K R, Hamm R M, Grassia J, et al., 1987. Direct comparison of the relative efficiency of intuitive and analytical cognition in expert judgment[J]. IEEE Transactions on Systems, Man,& Cybemetics,17(5):753-770.

Hayashi A M,2001. When to trust your gut[J]. Harvard Business Review,79(2):59-65.

Hayes A F,2015. An index and test of linear moderated mediation[J]. Multivariate Behavioral Research,50(1):1-22.

Haynes G A, 2009. Testing the boundaries of the choice overload phenomenon: The effect of number of options and time pressure on decision difficulty and satisfaction[J]. Psychology and Marketing,26(3):204-212.

Hess T M, Queen T L, Patterson T R, 2012. To deliberate or not to deliberate: Interactions between age, task characteristics, and cognitive activity on decision making[J]. Journal of Behavioral Decision Making. 25(1):29-40.

Higgins E T,1997. Beyond pleasure and pain[J]. American Psychologist,52(12):1280-1300.

Higgins E T, 2000. Making a good decision: Value from fit[J]. American Psychologist, 55(10): 1217-1229.

Higgins E T, 2006a. Value from regulatory fit[J]. Current Directions in Psychological science, 14(4):209-213.

Higgins E T, 2006b. Value from hedonic experience and engagement[J]. Psychological Review, 113(3):439-460.

Higgins E T, Camacho C J, Idson L C, et al., 2008. How Making the Same decision in a "Proper way" creates value[J]. Social Cognition,26(5):496-514.

Higgins E T, Cesario J, Hagiwara N, et al., 2010. Increasing or decreasing interest in activities:

The role of regulatory fit[J]. Journal of Personality and Social Psychology,98(4):559-572.

Higgins E T, Franks B, Pavarini D, et al., 2013. Expressed likelihood as motivator: Creating value through engaging what's real[J]. Journal of Economic Psychology,38(10):4-15.

Higgins E T, Friedman R S, Harlow R E, et al., 2001. Achievement orientations from subjective histories of success: Promotion pride versus prevention pride[J]. European Journal of Social Psychology,31(1):3-23.

Higgins E T, Idson L C, Freitas A L, et al., 2003. Transfer of value from fit[J]. Journal of Personality and Social Psychology,84(6):1140-1153.

Higgins E. T, Kruglanski A W, Pierro A,2003. Regulatory mode: Locomotion and assessment as distinct orientations[M]. NewYork:Academic Press:293-344.

Higgins E T, Roney C J R, Crowe E, et al., 1994. Ideal versus ought predilections for approach and avoidance: Distinct self-regulatory systems [J]. Journal of Personality and Social Psychology,66(2):276-286.

Higgins E T, Scholer A A, 2009. Engaging the consumer: The science and art of the value creation process[J]. Journal of Consumer Psychology,19(2):100-114.

Higgins E T, Shah J, Friedman R, 1997. Emotional responses to goal attainment: Strength of regulatory focus as moderator[J]. Journal of Personality and Social Psychology,72(3):515-525.

Hong J, Lee A Y, 2008. Be fit and be strong: Mastering self-regulation through regulatory fit [J]. Journal of Consumer research,34(5):682-695.

Igou J W, Bless H,2007. On undesirable consequences of thinking: Framing effects as a function of substantive processing[J]. Journal of Behavioral Decision Making,20(2):125-142.

Idson L C, Liberman N, Higgins E T,2000. Distinguishing gains from nonlosses and losses from nongains: A regulatory focus perspective on hedonic intensity[J]. Journal of Experimental Social Psychology,36(3):252-274.

Idson L C, Liberman N, Higgins E T, 2004. Imagining how you'd feel: The role of motivational experiences from regulatory fit[J]. Personality and Social Psychology Bulletin, 30(7): 926-937.

Iyengar S S, Wells R E, Schwartz B,2006. Doing better but feeling worse: Looking for the best job undermines satisfaction[J]. Psychological Science,17(2):143-150.

Jin S A,2010. I can be happy even when I lose the game: The influence of chronic regulatory focus and primed self-construal on exergamers' mood[J]. Cyberpsychology, Behavior, and Social Networking,13(4):467-471.

Kahneman D,2003. A perspective on judgment and choice: Mapping bounded rationality[J]. The American Psychologist,58(9):697-720.

Kahneman D,2011. Thinking, Fast and Slow[M]. New York: Farrar, Straus, Giroux.

Kahneman D, Frederick S,2002. Representativeness revisited: Attribute substitution in intuitive judgement[M]. UK:Cambridge University Press:49-81.

Kardes F R, 2006. When should consumers and managers trust their intuition? [J] Journal of Consumer Psychology,16(1):20-24.

Keller J, Bless H, 2006. Regulatory fit and cognitive performance: The interactive effect of chronic and situationally induced self-regulatory mechanisms on test performance[J]. European Journal of Social Psychology,36(3):393-405.

Keren G, Bruine de Bruin W, 2003. On the assessment of decision quality: Considerations regarding utility, conflict and accountability[M]. New York: Wiley:347-363.

Kim Y J, 2006. The role of regulatory focus in message framing in antismoking advertisements for adolescents[J]. Journal of Advertising,35(1):143-151.

Koenig A M, Cesario J, Molden D C, et al., 2009. Incidental experiences of regulatory fit and the processing of persuasive appeals[J]. Personalitity and Social Psychology, 35 (10): 1342-1355.

Lassiter G D, Lindberg M J, Gonzalez-Vallejo C, et al., 2009. The deliberation-without-attention effect: Evidence for an artifactual interpretation[J]. Psychological Science, 20(6):671-675.

Labroo A A, Lee A Y, 2006. Between Two Brands: A Goal Fluency Account of Brand Evaluation[J]. Journal of Marketing Research,43(3):374-385.

Lee A Y, Aaker J L, 2004. Bringing the frame into focus: The influence of regulatory fit on processing fluency and persuasion[J]. Journal of Personality and Social Psychology,86(2):205-218.

Lee A Y, Aaker J L, Gardner W L, 2000. The pleasures and pains of distinct self-construals: The role of interdependence in regulatory focus [J]. Journal of Personality and Social Psychology,78(6):1122-1134.

Lee A Y, Keller P A, Sternthal B, 2010. Value from regulatory construal fit: The persuasive impact of fit between consumer goals and message concreteness[J]. Journal of Consumer Research,36(5):735-747.

Lerouge D, 2009. Evaluating the benefits of distraction on product evaluations: The mind-set effect[J]. Journal of Consumer Research,36(3):367-379.

Levine G M, Halberstadt J B, Goldstone R L, 1996. Reasoning and the weighting of attributes in attitude judgments[J]. Journal of Personality and Social Psychology,70(2):230-240.

Lieberman M D, Gaunt R, Gilbert DT, et al., 2002. Reflexion and reflection: A social cognitive neuroscience approach to attributional inference [M]. San Diego, CA: Academic Press: 199-249.

Lockwood P, Jordan C H, Kunda Z, 2002. Motivation by positive or negative role models: Regulatory focus determines who will best inspire us[J]. Journal of Personality and Social Psychology,83(4):854-864.

Mata R, Nunes L, 2010. When Less Is Enough: Cognitive Aging, Information Search, and Decision Quality in Consumer Choice[J]. Psychology and Aging,25(2):289-298.

McMackin J, Slovic P, 2000. When does the explicit justification impair decision making? [J]. Applied Cognitive Psychology,14(6):527-541.

McNeill I M, Higgins E T, De Dreu C K W, et al., 2012. The price of a piece of cheese: Value from fit between epistemic needs and a learning versus an outcome focus[J]. Journal of

Behavioral Decision Making,25(3):315-327.

Mikels J A,Maglio S J,Reed A E,et al.,2011. Should I Go With My Gut? Investigating the Benefits of Emotion-Focused Decision Making[J]. Emotion,11(4):743-753.

Mikels J A,Cheung E,Cone J,et al.,2013. The dark side of intuition:Aging and increases in nonoptimal intuitive decisions[J].Emotion,13(2):189-195.

Milkman K L,Chugh D,Bazerman M H,2009. How can decision making be improved? [J]. Perspectives on Psychology Science,4(4):379-383.

Mogilner C,Aaker J L,Pennington G L,2008. Time will tell:The distant appeal of promotion and imminent appeal of prevention[J].Journal of Consumer Research,34(5):670-681.

Molden D C,Lee A Y,Higgins E T,2006. Motivations for promotion and prevention[M]. New York:Guilford Press:169-187.

Morris M W,Mason M F,2009. Intentionality in intuitive versus analytic processing:Insights from social cognitive neuroscience[J].Psychological Inquiry,20(1):58-65.

Motyka S,Grewal D,Puccinelli N M,et al.,2014. Regulatory Fit:A Meta-Analytic Synthesis [J].Journal of Consumer Psychology,24(3):394-410.

Mouakhar-Klouz D,d'Astous A,Darpy D,2016. I'm worth it or I need it? Self-gift giving and consumers' self-regulatory mindset[J].Journal of Consumer Marketing,33(6):447-457.

Mourali M,Pons F,2009. Regulatory fit from attribute-based versus alternative-based processing in decision making[J].Journal of Consumer Psychology,19(4):643-651.

Mulligan D,McCracken J,Hodges N J,2012. Situational familiarity and its relation to decision quality in ice-hockey[J]. International Journal of Sport and Exercise Psychology,10(3): 198-210.

Novemsky N,Dhar R,Schwarz N,et al.,2007. Preference fluency in choice[J]. Journal of Marketing Research,44(3):347-356.

Orom H,Biddle C,Underwood W,et al.,2016. What is a"good"treatment decision? Decisional control,knowledge,treatment decision making,and quality of life in men with clinically localized prostate cancer[J].Medical Decision Making,36(6):714 -725.

Otto A R,Markman A B,Gureckis T M,et al.,2010. Regulatory fit and systematic exploration in a dynamic decision-making environment [J]. Journal of Experimental Psychology: Learning,Memory,and Cognition,36(3):797-804.

Ouschan L,Boldero J M,Kashima Y,et al.,2007. Regulatory focus strategies scale:A measure of individual differences in the endorsement of regulatory strategies[J]. Asian Journal of Social Psychology,10(4):243-257.

Over D, 2004. Rationality and the normative/descriptive distinction [M]. UK: Blackwell Publishing:3-18.

Payne J W,Bettman J R,Johnson E J,1993. The adaptive decision maker[M]. New York: Cambridge University Press.

Payne B K,Iannuzzi J B,2012. Automatic and controlled decision making:A process dissociation perspective[M].New York:Psychology Press:41-58.

Pham M T,Avnet T,2009. Rethinking regulatory engagement theory[J].Journal of Consumer

Psychology, 19(2):115-123.

Pham M T, Chang H H, 2010. Regulatory focus, regulatory fit, and the search and consideration of choice alternatives[J]. Journal of Consumer Research, 37(4):626-640.

Polman E, 2012. Effects of self-other decision making on regulatory focus and choice overload [J]. Journal of Personality and Social Psychology, 102(5):980-993.

Queen T L, Hess T M, 2010. Age differences in the effects of conscious and unconscious thought in decision making[J]. Psychology and Aging, 25(2):251-261.

Rey A, Goldstein R M, Perruchet P, 2009. Does unconscious thought improve complex decision making? [J]. Psychological Research, 73(3):372-379.

Reutskaja E, Hogarth R M, 2009. Satisfaction in choice as a function of the number of alternatives: When "Goods Satiate"[J]. Psychology and Marketing, 26(3):197-203.

Rieskamp J, Hoffrage U, 2008. Inferences under time pressure: How opportunity costs affect strategy selection[J]. Acta Psychologica, 127(2):258-276.

Rodriguez S, Romero-Canyas R, Downey G, et al., 2013. When school fits me: How fit between self-beliefs and task benefits boosts math motivation and performance[J]. Basic and Applied Social Psychology, 35(5):445-466.

Roese N J, Hur T, Pennington G L, 1999. Counterfactual thinking and regulatory focus: Implications for action versus inaction and sufficiency versus necessity[J]. Journal of Personality and Social Psychology, 77(6):1109-1120.

Rusou Z, Zakay D, Usher M, 2013. Pitting intuitive and analytical thinking against each other: The case of transitivity[J]. Psychonomic Bulletin Review, 20(3):608-614.

Sayegh L, Anthony W P, Perrewe P L, 2004. Managerial decision making under crisis: The role of emotion in an intuitive decision process[J]. Human Resource Management Review, 14 (2):179-199.

Schneider W, Shiffrin R M, 1977. Controlled and automatic human information processing I: Detection, search and attention[J]. Psychology Review, 84(1):1-66.

Schwartz B, Ben-Haim Y, Dacso C, 2010. What makes a good decision? Robust satisficing as a normative standard of rational decision making[J]. Journal for the Theory of Social Behavior, 41(2):209-227.

Sehnert S, Franks B, Yap A J, Higgins E T, 2014. Scarcity, engagement, and value[J]. Motivation and Emotion, 38(6):823-831.

Seibt B, Förster J, 2004. Stereotype threat and performance: How self-stereotypes influence processing by inducing regulatory foci[J]. Journal of Personality and Social Psychology, 87 (1):38-56.

Shanks D R, 2006. Complex choices better made unconsciously? [J]. Science, 313(8):760-761.

Simon H A, 1955. A behavioral model of rational choice[J]. Quarterly Journal of Economics, 69, 99-118.

Sloman S A, 1996. The empirical case for two systems of reasoning[J]. Psychological Bulletin, 119(1):3-22.

Sloman S A, 2002. Two systems of reasoning[M]. New York: Cambridge University Press:

379-396.

Slovic P, Finucane M L, Peters E, MacGregor D G, 2004. Risk as analysis and risk as feelings: Some thoughts about affect, reason, risk, and rationality[J]. Risk Analysis, 24(2): 311-322.

Smith E R, DeCoster J, 2000. Dual-process models in social and cognitive psychology: Conceptual integration and links to underlying memory systems[J]. Personality and Social Psychology Review, 4(2): 108-131.

Spiegel S, Grant-Pillow H, Higgins E T, 2004. How regulatory fit enhances motivational strength during goal pursuit[J]. European Journal of Social Psychology, 34(1): 39-54.

Stanovich K E, West R F, 2000. Individual differences in reasoning: Implications for the rationality debate[J]. Behavioral and Brain Sciences, 23(5): 645-726.

Stanovich K E, West R F, 2008. On the relative independence of thinking biases and cognitive ability[J]. Journal of Personality and Social Psychology, 94(4): 672-695.

Strack F, Deutsch R, 2004. Reflective and impulsive determinants of social behavior [J]. Personality and Social Psychology Review, 8(3): 220-247.

Strick M, Dijksterhuis A, van Baaren R B, et al., 2010. Unconscious-thought effects take place off-line, not on-line[J]. Psychological Science, 21(4): 484-488.

Tetlock P E, 1985. The neglected social context of judgment and choice [J]. Research in Organizational Behavior, 7, 297-332.

Tetlock P E, Boettger R, 1994. Accountability amplifies the status quo effect when change creates victims[J]. Journal of Behavioral Decision Making, 7(1): 1-23.

Thomas A K, Millar P R, 2011. Reducing the framing effect in older and younger adults by encouraging analytic processing[J]. The Journals of Gerontology: Series B: Psychological Sciences and Social Sciences, 67(2): 139-149.

Thorsteinson T J, Withrow S, 2009. Does unconscious thought outperform conscious thought on complex decisions? A further examination [J]. Judgment & Decision Making, 4(3): 235-247.

Tversky A, Kahneman D, 1974. Judgment under uncertainty: Heuristics and biases[J]. Science, 185(4157): 1124-1131.

Tversky A, Kahneman D, 1983. External versus intuitive reasoning: The conjunction fallacy in probability judgment[J]. Psychological Review, 90(4): 293-315.

Usher M, Russo Z, Weyers M, et al., 2011. The impact of the mode of thought in complex decisions: Intuitive decisions are better[J]. Frontiers in Psychology, 2(3): 1-13.

Van-Dijk D, Kluger A N, 2004. Feedback sign effect on motivation: Is it moderated by regulatory focus? [J]. Applied Psychology: An International Review, 53(1): 113-135.

Vaughn L A, Childs K E, Maschinski C, et al., 2010. Regulatory fit, processing fluency, and narrative persuasion[J]. Social and Personality Psychology Compass, 4(12): 1181-1192.

Viola V, Tosoni A, Brizi A, et al., 2015. Need for cognitive closure modulates how perceptual decisions are affected by task difficulty and outcome relevance[J]. Plos One, 10(12),

Vries M D, Holland R W, Witteman C L, 2008. Fitting decisions: Mood and intuitive versus deliberative decision strategies[J]. Cognition and Emotion, 22(5): 931-943.

Wan E W, Hong J W, Sternthal B, 2009. The effect of regulatory orientation and decision strategy on brand judgments[J]. Journal of Consumer Research, 35(6): 1026-1038.

Wang H Y, Liu Y F, 2016. The impact of regulatory fit on post decision evaluation[J]. Social Behavior and Personality, 44(3): 383-390.

Wilson T D, Kraft D, 1993. Why do I love thee? Effects of repeated introspections about a dating relationship on attitudes toward the relationship [J]. Personality and Social Psychology Bulletin, 19(4): 409-418.

Wilson T D, Schooler J W, 1991. Thinking too much: Introspection can reduce the quality of preferences and decisions[J]. Journal of Personality and Social Psychology, 60(2): 181-192.

Wilson T D, Lisle D J, Schooler J W, et al., 1993. Introspecting about reasons can reduce post-choice satisfaction[J]. Personality and Social Psychology Bulletin, 19(3): 331-339.

Wood N L, Highhouse S, 2014. Do self-reported decision styles relate with others' impressions of decision quality? [J]. Personality and Individual Differences, 70(11): 224-228.

Wu L L, Lin J Y, 2006. The quality of consumers' decision-making in the environment of e-commerce[J]. Psychology & Marketing, 23(4): 297-311.

Wu P L, Chiou W B, 2009. More options lead to more searching and worse choices in finding partners for romantic relationships online: An experimental study[J]. Cyberpsychology, Behavior, and Social Networking, 12(3): 315-318.

Yang M, Chiou W, 2010. Looking online for the best romantic partner reduces decision quality: The moderating role of choice making strategies[J]. Cyberpsychology, Behavior, and Social Networking, 13(2): 207-210.

Yates J F, 2001. "Outsider": Impressions of naturalistic decision making [M]. Mahwah: Lawrence Erlbaum Associates Publishers: 9-33.

Yates J F, Tschirhart M D, 2006. Decision-making expertise [M]. New York: Cambridge University Press: 421-438.

Yates J F, Veinott E, Patalano A L, 2003. Hard decisions, bad decisions: On decision quality and decision aiding[M]. New York: Cambridge University Press: 13-63.